Raphael Engel

ETF für Einsteiger: Der praktische Börsenratgeber

# ETF für Einsteiger

## Der praktische Börsenratgeber

Wie Sie clever in ETFs investieren, ein Vermögen aufbauen &
Ihr Geld selbst in Krisenzeiten rentabel anlegen

Raphael Engel

Raphael Engel, Sales Angels Verlag wird vertreten durch
Saleway GmbH
Schulhausgässli 4
3098 Köniz
CH-Bern / Schweiz
presse@salesangels.org
verlag.salesangels.org

1. Auflage 2021

ISBN: 9783907354001



Covergestaltung: Wolkenart – Marie-Katharina Becker, www.wolkenart.com
eBook-Erstellung + Buchsatz: Jana Köbel Autorenservice

# INHALT

# Motto

„Die Weltkugel liegt vor ihm offen/
Und wer nichts waget, darf nichts hoffen".
(Friedrich Schiller, Wallenstein)

# VORWORT

Es war der 22. Juli 1975. Mein Vater und ich standen auf dem Balkon unserer 3-Zimmer Wohnung. Es war ein sommerlicher Tag. Ein leichter Wind wehte durch meine Haare. Es waren die letzten Minuten vor dem großen Trip. Wir hatten Sommerferien und wenige Tage vorher schloss ich die Schule ab. Mein Vater war mein Vorbild. Er reiste viel und versprach mir, mich mal mitzunehmen, sobald ich meinen Schulabschluss in der Tasche hatte. Nun war es soweit. Er schaute auf die Uhr und sagte:

„Unser Taxi kommt gleich." Wir gingen zurück in die Wohnung, machten einen letzten Check, nahmen unsere Koffer und gingen runter vor das Haus. Da kam auch schon unser Fahrer. Der Himmel zog etwas auf. Wir legten unser Gepäck in den Kofferraum, setzten uns beide nach hinten und fuhren zum Flughafen. Ich wusste nicht, wo wir hinreisten. Es sollte eine Überraschung werden. Dass es der Beginn einer lebenslangen Leidenschaft werden würde, das ahnte ich zu diesem Zeitpunkt noch nicht.

Während der Fahrt griff mein Vater in die Innentasche seiner Jacke und holte einen Umschlag heraus. Darin war ein rotes kleines Büchlein. Er gab es mir in die Hände und sagte: „Das sollte ich Dir von Deiner Oma geben." Ich nahm es und fragte: „Was ist das?" Doch Papa antwortete nicht, lächelte nur dabei. Also öffnete ich das Büchlein und traute meinen Augen kaum. Es war ein Sparbuch. Seit über 14 Jahren hatte meine Oma jeden Monat 100 Euro eingezahlt. Es waren mit Zinsen mittlerweile über 21.000 Euro. Mein Vater sagte: „Deine Oma wünscht sich, dass Du einen guten Start ins Berufsleben hast. Pass gut darauf auf." Mir kamen kleine Freudentränen. Ich liebte meine Großmutter sehr. Sie war so herzlich und immer am Lachen. In dieser Zeit hatte sich das Geld bei durchschnittlich 3% Zinsen sogar sehr gut vermehrt. Mehr als 4.000 Euro waren also alleine Zinsen. Ich überlegte das Geld einfach liegen zu lassen. In der Schule lernten wir, wie man Geld gut anlegen kann und wie sich Zinsen berechnen lassen. Ich konnte das mittlerweile schon gut im Kopf. Wenn ich das Geld weitere 14 Jahre liegen lassen würde, dann kämen nochmal fast 10.000 Euro Zinsen hinzu. Fürs Nichtstun eine tolle Entwicklung. Ich packte das Sparbuch in meinen Rucksack. Wir waren noch auf der Autobahn. Den Flughafen konnte ich schon sehen. Wir bogen noch einmal rechts ab und waren dann da. Ich nahm meine Tasche und den Koffer. Papa wollte draußen noch eine Zigarette rauchen. Währenddessen klärte er mich auf und verriet mir das Geheimnis unserer Reise. Es ging für 12 Tage nach Costa Rica in Mittelamerika. Er wollte dort einen privat befreundeten Kaffeebauern treffen. Sie hatten sich lange nicht gesehen. Ich freute mich riesig.

So flogen wir etwas mehr als 14 Stunden in eines der wunderschönsten Länder. Schon als kleines Kind habe ich immer gerne im Wald gespielt und Tiere beobachtet. Costa Rica war für jemanden wie mich genau richtig. Als wir ankamen war es dort mittags, bei 32 Grad. Die Luft war deutlich feuchter als in meiner Heimat, aber sehr angenehm. Mein Vater lieh uns einen großen Geländewagen. Er wollte noch am gleichen Tag den Kaffeebauern treffen. Ich empfand es als sehr anstrengend, hatte aber keine andere Wahl. Also fuhren wir von San Jose, der Hauptstadt, in ein kleines Dorf auf die westliche Pazifikseite. Immer noch ahnte ich nicht, dass dies einer der bedeutendsten Tage meines Lebens sein würde. Nach ungefähr vier Stunden kamen wir an und wurden sehr herzlich empfangen. Ich hatte fast das Gefühl, dass wir Prominente wären. Mein Vater sprach auf Spanisch mit dem Kaffeebauern, während mich ein anderer Mann auf Englisch ansprach. Dieser Mann war ein Kunde des Bauern. Er kam aus den USA und hatte gerade eine große Menge an Kaffeebohnen bestellt. Sein Name war Richard. Er kaufte den Kaffee für die Firma, für die er arbeitete. Sie hatten 165 Filialen, in die täglich sehr viele Gäste kamen. Richard sprach davon, dass sie in den nächsten Jahren mehrere Tausend Filialen aufbauen wollten und gerade an die Börse gegangen waren, um dieses weltweite Kaffeeimperium aufzubauen. Ich hörte ihm begeistert zu. Von der Börse verstand ich nichts, doch Richard erzählte mir einiges darüber. Es war der Beginn eines ganz neuen Verständnisses von Unternehmertum und Geld.

Seit dieser Begegnung mit Richard begeistere ich mich für Business, Börse und das Finanzwesen. In den Jahren darauf lernte ich ganz neue Wege kennen und machte meine ersten fantastischen Erfahrungen in der Geldanlage. Das habe ich alles meiner Großmutter, meinem Vater und Richard zu verdanken.

Mittlerweile verfüge ich über ein gut gefülltes Depot mit besparten ETFs. Die ziemlich kontinuierlichen Gewinne aus meinem Depot sorgen dafür, dass ich mich so unabhängig fühle, wie ich es mir immer erträumt habe.

Um auch Ihnen diese Möglichkeit zu offenbaren, möchte ich in diesem Ratgeber gern mein Wissen über die Welt der Aktien, der ETFs und des langfristigen, soliden Investments am Kapitalmarkt mit Ihnen teilen.

Zunächst werde ich Ihnen zum weiteren Grundverständnis einige Erläuterungen zum Thema Börse und deren Grundmechanismen sowie Einflussfaktoren geben. Sie werden verstehen, was genau eine Aktie und welche verschiedenen Arten es gibt und vor allem, wie genau Sie Aktien und die dahinterstehenden Unternehmen bewerten. Danach steigen wir mit Vollgas in das Thema ETF´s ein. Wir beschäftigen uns mit der Frage, was genau eigentlich ETFs sind und wie sie entstehen. Wir diskutieren die Vorteile und die (geringen) Risiken bei einer solchen Anlageform, und zu guter Letzt möchte ich Ihnen viele praktische Hinweise geben, um Ihnen den Weg ins gelungene Investment bestmöglich zu ebnen.

Seien Sie ebenso gespannt, wie es in Costa Rica weiterging und welchen großen, fatalen Fehler ich fast mit dem Sparbuch meiner Großmutter gemacht hätte.

Mein Ziel ist, Sie in das Thema einzuführen, Ihnen wertvolles Insiderwissen zu bieten und Ihnen dabei zu helfen, ebenfalls erfolgreich beim Handeln und Investieren mit ETFs zu werden.

Aus Gründen der besseren Lesbarkeit verzichte ich auf die gleichzeitige Verwendung der Sprachformen männlich, weiblich und divers. Sämtliche Personenbezeichnungen gelten gleichermaßen für alle Geschlechter.

Ich danke Ihnen für Ihr Vertrauen und wünsche Ihnen viel Spaß beim Lesen dieser Lektüre.

# GLOSSAR

> „ERST DANN, WENN DER MENSCH BEGRIFFE FORMT, BEGREIFT ER SICH“.
> (ANTOINE DE SAINT-EXUPÉRY)

- **Aktien**: Eine Aktie ist ein Wertpapier, das heißt, sie hat einen bestimmten Wert, der in Geld ausgedrückt wird. Eine Aktie kann also zum Beispiel 20 Euro wert sein. Die Aktie verbrieft einen Anteil an einer Aktiengesellschaft, also an einem Unternehmen, welches an der Börse gehandelt wird. Der Elektronikkonzern Siemens oder die Fluggesellschaft Lufthansa beteiligen beispielsweise ihre Aktionäre an den Gewinnen, aber auch an den Verlusten des Konzerns. Wenn Sie also eine Aktie von Siemens oder Lufthansa kaufen, erwerben Sie einen kleinen Teil am Unternehmen. Nach dem Gesamtwert des Konzerns richtet sich auch der Wert Ihres Anteils, also der *Kurs* der Aktie.

- **Broker**: Ein Broker ist ein Finanzdienstleister und wird zu Deutsch auch *Börsenmakler* genannt. Sie geben bei Ihrem Broker Transaktionen an der Börse in Auftrag, und dieser führt sie in Ihrem Sinne durch. Ein Broker kann eine reale Person sein, ist aber meist ein Unternehmen. Jeder Broker arbeitet dabei mit seiner eigenen Software, die Ihnen den Handel von bestimmten Wertpapieren ermöglicht.

- **Cost Average Effekt**: englisch für Durchschnittskosteneffekt

- **Depot**: Das Wertpapierdepot, auch *Wertpapierkonto* genannt, ist das Konto, über welches Ihre Transaktionen abgewickelt werden. Das heißt, der Kauf und Verkauf von Aktien oder anderen Finanzprodukten läuft über Ihr Depot. Die Wertpapierbestände werden auf dem Depot verbucht; es handelt sich also im Grunde um ein gewöhnliches Konto, ähnlich wie bei einer Bank oder Sparkasse, mit dem Unterschied, dass - anstelle von Geldbeträgen - Wertpapiere gebucht und abgebucht werden.

- **Derivate**: Ein Derivat ist ein Finanzinstrument. Es funktioniert wie ein Vertrag zwischen zwei Parteien, der festlegt, dass ein bestimmter Basiswert zu einem bestimmten Zeitpunkt zu einem im Voraus vereinbarten Preis gekauft werden kann oder muss. Ein Basiswert kann zum Beispiel eine Aktie oder ein Rohstoff sein.

- **Dividende**: Die Dividende ist ein Teil des Gewinns, den eine Aktiengesellschaft jährlich an alle Anleger ausschüttet. Es handelt sich also sozusagen um Ihren persönlichen Anteil am Gewinn des Unternehmens, in welches Sie investiert haben.

- **Investmentfonds**: Ein Investmentfonds ist in erster Linie eine Akkumulation von Vermögen, das heißt von Geld. Hinter diesen Fonds stehen Kapitalgesellschaften, also Unternehmen. Diese Unternehmen rufen einen Fonds mit einer bestimmten Summe ins Leben, um mit diesem Geld in Aktien, Anleihen, Rohstoffe oder Derivate (*siehe oben*) zu investieren. Manche dieser Fonds sind sogenannte offene Fonds, das heißt, jeder kann sich daran beteiligen.

- **Staatsanleihen**: So wie ein Konzern Aktien, also Anteile der Firma ausgibt, gibt der Staat Anleihen, also ebenfalls Anteile von sich, an private Anleger heraus.

- **Transaktionen**: Eine Transaktion ist als Transfer von Geld oder von Gütern zu verstehen. Der Verkauf oder der Kauf einer Aktie stellt jeweils eine Transaktion dar. Im ersten Szenario geht Ihre Aktie in den

Besitz eines anderen über, der Ihnen dafür eine entsprechende Summe an Geld bezahlt. Im zweiten Szenario geht eine Aktie vom Besitz eines anderen in Ihren über, wofür Sie wiederum Geld bezahlen. Im Grunde findet bei jedem Ihrer Einkäufe eine Transaktion statt, ob Sie nun den Wocheneinkauf für die Familie übernehmen oder sich ein Päckchen Kaugummi kaufen. In beiden Fällen wird Geld gegen eine Ware getauscht. Das Prinzip funktioniert auch bei Dienstleistungen. Wenn Sie also zum Beispiel einen Handwerker dafür bezahlen, dass er Ausbesserungsarbeiten in Ihrer Wohnung vornimmt, handelt es sich im klassischen Sinne um eine Transaktion.

# 1. DIE BÖRSE VERSTEHEN

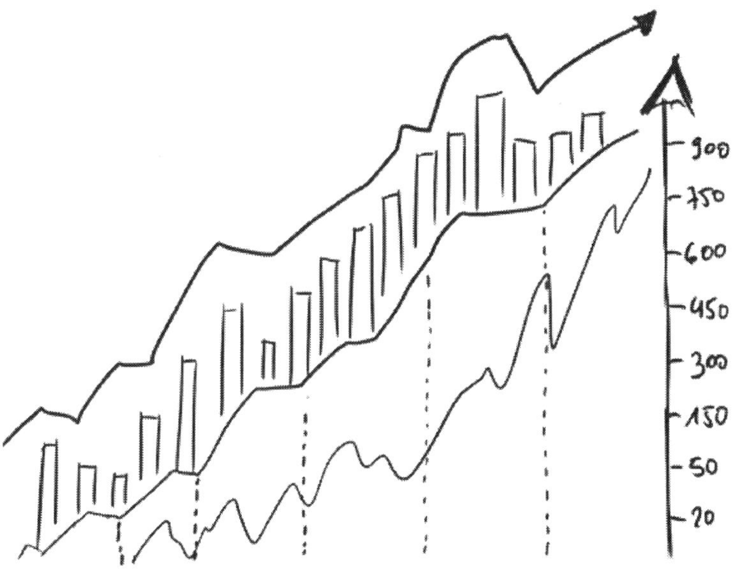


„EIN GESCHÄFT, DAS NUR GELD EINBRINGT, IST EIN SCHLECHTES GESCHÄFT“.
(HENRY FORD)

Das gesamte Geschehen, das für uns interessant ist, spielt sich an der Börse ab. Zwar sind Sie als kleiner Anleger nicht direkt auf dem Börsenparkett präsent, und Sie müssen auch nicht täglich die Kurse sämtlicher Märkte im Auge behalten (wie es beispielsweise Daytrader tun). Dennoch kann es nicht schaden, sich zumindest ein wenig mit den Abläufen an der Börse auszukennen. Machen wir uns also kurz vertraut mit der oftmals so kryptisch erscheinenden Börsenthematik.

## Was beeinflusst das Börsengeschehen?

In diesem Abschnitt soll es speziell darum, welchen Einflussfaktoren die Börse unterliegt und welchen Einfluss diese auf die Aktienkurse haben. Im Großen und Ganzen möchte ich mit Ihnen vier große Bereiche betrachten: Der Einfluss der Politik auf die Börse, das Szenario steigender oder fallender Zinsen, die Wirkung der Konjunktur auf die Börse sowie das Thema Liquidität.

Beginnen wir mit dem politischen Einfluss. In der Vergangenheit gab es durchaus mal die eine oder andere größere Schwankung an der Börse, welche man den Politikern bzw. bestimmten Aussagen von Politikern zu „verdanken" hatte. Es soll ja auch des Öfteren mal vorkommen, dass ein Politiker oder eine Politikerin etwas Unüberlegtes äußert oder umsetzt. Damit muss man als Anleger jederzeit rechnen bzw. mit diesem Risiko muss man leben lernen. So sorgten früher oftmals politische Aussagen oder unerwartete Wahlausgänge für (kurzzeitige) Unruhen an der Börse. Hier sollten Sie sich jedoch bewusst machen: Kursrückschläge, die durch politische Ereignisse bedingt sind, werden in aller Regel wieder aufgeholt, da letztendlich nur der Erfolg der Unternehmen zählt. Ein an den Finanzmärkten bekanntes Sprichwort hierzu lautet:" Politische Börsen haben kurze Beine!" Dass Meldungen aus der Politik überhaupt ein so hohes Gewicht gegeben wird, liegt vor allem an einem Grund: Jede sich auch nur anbahnende politische Veränderung sorgt erstmal für Verunsicherung in der Bevölkerung. Diese begeben sich erstmal in Warte- bzw. Lauerstellung und stellen ihren Aktienkauf erst einmal für ein paar Tage oder auch Wochen zurück. Dies wiederum bedeutet weniger Kaufaufträge an den Börsen, sprich eine sinkende Nachfrage nach Aktien. Somit befinden in solchen Phasen die Verkäufer in der Mehrzahl. Dies führt zu fallenden Kursen an den Börsen. Umgekehrt sorgt jedoch eine Entschärfung einer solchen politischen Konstellation dafür, dass die Anleger ihre Warteposition aufgeben und mit ihren Kaufaufträgen für steigende Kurse sorgen.

Der zweite große Einflussfaktor an der Börse sind die Zinsen. Viele Börsianer halten diesen Faktor sogar für den mit Abstand wichtigsten. Jetzt mögen Sie vielleicht denken:" Das macht doch gar keinen Sinn, schließlich bekomme ich beim Aktienkauf keine Zinsen, sondern Dividenden und ich profitiere von den Kursgewinnen!" Das mag im ersten Moment richtig sein, jedoch haben Zinsen und deren Entwicklung einen großen Einfluss auf das Börsengeschehen. Pauschal kann man folgende Faustformel festhalten: Steigende Zinsen bedeuten sinkende Aktienkurse, sinkende Zinsen bedeuten steigende Aktienkurse.

Warum das so ist, möchte ich Ihnen nun erläutern. Zunächst müssen Sie sich anschauen, welche weiteren Anlagemöglichkeiten es gibt. Hier kommen einem zuallererst Anleihen sowie Festgelder in den Sinn. Sind die Zinsen aktuell hoch, werden Anleger eher bereit sein, ihr Geld in festverzinsliche Anlagen zu stecken. Sinken jedoch die Zinsen, sprich die Renditen für diese sogenannten sicheren Anlagen sind eher niedrig, sind Investoren eher bereit, ihr Geld in Aktien zu investieren. Wenn Sie für festverzinsliche Anlage nur 0,5 Prozent Zinsen bekommen, wird wahrscheinlich zwangsläufig ihre Bereitschaft sinken, Ihr Geld dort anzulegen, oder? Der Geldfluss bewegt sich daraufhin eher in Richtung Aktien und dient als einer der Kurstreiber für eben solche. Umgekehrt heißt dies aber nicht zwangsläufig, dass hohe Zinsen zu sinkenden Aktienkursen. Dies hat die Historie allzu oft bewiesen. Aktien erfolgreicher Unternehmen steigen auch in Zeiten steigender Zinsen und dies ist auch logisch: eine Aktie bedeutet eine Beteiligung an einem Unternehmen. Wenn diese börsennotierte Gesellschaft Umsatz, Gewinn sowie Dividende dauerhaft steigert, wird dies definitiv eine positive Wirkung auf den Aktienkurs haben und dies völlig unabhängig von der aktuell vorherrschenden Zinspolitik. Ganz ausblenden lässt sich die benannte Börsenregel jedoch nicht. Dies hat folgenden Grund: Unternehmen haben in der Regel nicht nur Eigenkapital, sondern nehmen auch über u.a. Banken Fremdkapital auf, welches sie mit Zinsen zurückbezahlen müssen. Vielen Unternehmen, die sich Geld für Investitionen in neue Maschinen und Produktionsstätten leihen möchten, sind in solchen Hochzinsenphasen die Kosten für die Zinsen schlicht zu hoch, was dazu führt, dass das betreffende Unternehmen lieber auf eine Investition verzichtet oder diese verschiebt. Dies verlangsamt aber zum einen das Wachstum des Unternehmens und hat zum anderen auch negative Auswirkungen auf Zulieferer und dergleichen und sorgt für Auftragsrückgänge. Eine negative Spirale setzt sich in Gang.

Jedoch gibt es hier auch Unterschiede von Branche zu Branche. Autohersteller sind in der Regel deutlich kapitalintensiver als Lebensmittelhersteller, weshalb Autohersteller auch deutlich stärker unter Zinserhöhungen leiden als bspw. Lebensmittelhersteller.

Der dritte große Treiber der Börse ist die Liquidität. Neue Anleger mit frischem Geld sorgen für eine steigende Nachfrage. Die Liquidität wird sich auf absehbare Zeit wohl eher vergrößern als verringern. Dies hat vor allem zwei wichtige Gründe: Zum einen werden in den kommenden Jahren und Jahrzehnten immer größere Vermögen an die nachfolgende Generation vererbt. Hierbei handelt es sich vornehmlich um Immobilien, die in nicht seltenen Fällen verkauft werden sowie große Geldvermögen in Form von fällig werden Policen bei den Lebensversicherern. Der zweite, noch wichtigere Aspekt sind die Notenbanken. Diese pumpen aktuell Billionen an Euro und Dollar an die Märkte. Dieses Geld fließt unter anderem in die Aktienmärkte.

Der vierte große Einflussfaktor auf die Börse ist die Konjunktur. Die gesamtwirtschaftliche Entwicklung hat eine gewisse Wirkung auf die Aktienkursverläufe. Zieht die Konjunktur an, wirkt sich dies in aller Regel positiv auf die Aktienkurse aus. Jedoch sollten Sie der aktuellen konjunkturellen Lage auch keine zu hohe Bedeutung beimessen. Sie sind schließlich Mitgesellschafter „Ihres" Unternehmens und für Sie zählt ausschließlich die geschäftliche Entwicklung Ihres Unternehmens. Eine anziehende Konjunktur ist längst kein Garant für einen steigenden Gesamtmarkt. Verschiedene Branchen können überproportional von der aktuellen Lage profitieren, andere aber auch fallen. Hierzu möchte ich Ihnen ein Beispiel geben: Im Zuge des Platzens der sogenannten „Dotcom-Blase".

Anfang der 2000er Jahre fielen Aktien aus dem Technologie- und Telekommunikationssektor stark, vorher als „langweilig" geltende Konsumgüter- und Pharmaaktien wiesen hingegen eine solide Bewegung am Aktienmarkt aus.

Sie sehen, leider ist es nicht immer so einfach, pauschale Antworten zu finden. Wichtig ist jedoch, dass Sie die Haupttreiber an den Börsen verstehen und diese in Ihre Betrachtungen miteinbeziehen. Ich hoffe, dass ich mit meinen Ausführungen hierzu ein Stück beitragen konnte.

## Arten von Börsen

Bisher haben wir stets allgemein von „der Börse" gesprochen. Ich möchte Ihnen natürlich nicht vorenthalten, dass es nicht nur eine einzige Börse gibt, sondern verschiedene Arten, die wir an dieser Stelle näher betrachten wollen. Im Alltag sprechen wir des Öfteren von einer *Börse*, wir nennen unser Portmonee *Geldbörse* oder Webseiten im Internet, auf denen wir nach der großen Liebe suchen, *Singlebörsen*. Tatsächlich unterscheiden wir am Finanzmarkt im Wesentlichen zwischen drei verschiedenen Arten von Börsen:

- **Aktienbörsen**: Hier werden Aktien, also Anteilsscheine von Unternehmen (AGs) gehandelt (siehe Begriffserklärungen).

- **Rentenmärkte**: Die Rentenmärkte haben eine ähnliche Struktur wie klassische Aktienbörsen, nur sind die gehandelten Produkte ein wenig anders. Der Begriff „Rente" ist dabei etwas irreführend und hat nichts mit der Altersvorsorge zu tun. Der Begriff Rentenmärkte leitet sich von dem etwas veralteten französischen Begriff *rente* für Ertrag oder Gewinn ab. Bei Rentenpapieren gibt es, im Gegensatz zu Aktien, einen festen Zinssatz. Man spricht heutzutage auch häufig von *Anleihen*.

- **Warenbörsen**: An Warenbörsen werden Rohstoffe und andere Güter gehandelt, es geht hier also im Gegensatz zu den ersten beiden Börsenarten nicht um den Handel mit Papieren und Buchwerten, sondern mit physisch vorhandenen Gütern. Bekannte Produkte, die an Warenbörsen gehandelt werden, sind zum Beispiel Öl, Edelmetalle wie Gold und Silber, aber auch Holz, Baumwolle oder Getreide. An Warenbörsen treffen tendenziell Produzenten und Großhändler aufeinander, für Kleinanleger wie Sie sind Warenbörsen kaum geeignet. Zum einen benötigen Sie zu viel Kapital, um dort ernsthaft einzusteigen, zum anderen gibt es auch ethisch begründbare Bedenken. Spekulationen auf Lebensmittelpreise führen nicht selten dazu, dass sich deren Preis vervielfacht, was für die Menschen in den ärmeren Regionen der Erde bedeutet, dass sie sich den Reis oder das Korn für ihr Brot nicht mehr leisten können, das sie zum Überleben brauchen. Lassen Sie am besten die Finger von Warenbörsen.

Konzentrieren Sie sich also auf Aktien- und Rentenmärkte, aber auch der Devisenmarkt, an dem Währungen gehandelt werden, kann ein interessantes Terrain für Sie sein. Schauen wir uns im Folgenden noch einige Besonderheiten und Eigenschaften, insbesondere der Aktienmärkte, an.

# Index

Ein Index (Plural: Indizes) bildet den Verlauf mehrerer Wertpapiere ab, die in ihm als Einheit zusammengefasst werden. Der wohl bekannteste Index in Deutschland ist der Deutsche Aktienindex (DAX). Er umfasst die 30 wertvollsten, börsennotierten Unternehmen in Deutschland. Das ebenfalls recht bekannte Pendant zum DAX ist in den Vereinigten Staaten der Dow Jones.

Neben diesen großen, populären Indizes gibt es allerdings auch noch zahlreiche kleinere und weniger bekannte Beispiele für einen Aktienindex. Dabei sind die Indizes nicht grundsätzlich an Staaten gekoppelt, es gibt zum Beispiel den Index *MSCI World*, der den Verlauf der gesamten Weltwirtschaft abbildet oder den *MSCI Emerging Markets*, der mit der ökonomischen Entwicklung der sogenannten Schwellenländer verbunden ist. Indizes sind vor allem dann interessant, wenn Sie sich mit ETFs oder Einzelaktien beschäftigen möchten. Für Daytrader ist nur wichtig zu wissen, dass Aktienkurse hier abgebildet und graphisch dargestellt werden. Sie können also aus dem Verlauf eines Indizes wertvolle Informationen über die Kursveränderungen der enthaltenen Aktien ablesen.

# Aktienkurse

Für Laien oder Anfänger auf dem Gebiet des Aktienhandels scheinen die Kursverläufe an der Börse bisweilen überaus undurchsichtig. Die grundlegende Regel lautet: Börsenkurse sind ein Abbild der Erwartungen von Marktteilnehmern. Die psychologische Komponente ist also an dieser Stelle entscheidend. Die meisten Aktien werden nicht deswegen gekauft, weil es den Unternehmen gut geht, sondern weil die Marktteilnehmer erwarten, dass es den Konzernen in Zukunft noch besser gehen wird.

Natürlich bedeutet das nicht, dass der Aktienkurs ein reines Hirngespinst wäre. De facto handelt es sich bei dem Kurs um den Preis einer Aktie. Der Kurs bestimmt also, wie viel ein einzelnes Wertpapier in Geld tatsächlich wert ist. Dabei werden Wertpapiere an der Börse gekauft und verkauft. Gibt es mehr Käufer als Verkäufer, steigt der Aktienkurs – schließlich scheinen die Leute dieser Aktie zu vertrauen, sonst würden sie sie nicht erwerben. Gibt es mehr Verkäufer als Käufer, sinkt der Aktienwert – denn die Menschen scheinen dem Unternehmen nicht vollends zu vertrauen beziehungsweise stellen ihm keine günstige Zukunftsprognose.

## Warum schwanken Aktienkurse immer?

Der Kurs entsteht also dadurch, dass ständig Bewegung am Markt herrscht, permanent werden Positionen eröffnet und wieder verkauft. Da an den großen Börsen dieser Welt enorm viele private aber auch institutionelle Anleger aktiv sind, kann sich das Verhältnis von Kaufen und Verkaufen bei einzelnen Wertpapieren binnen kürzester Zeit ändern. Darum schwanken die Kurse auch ständig und stehen niemals über einen längeren Zeitraum still. Jede Transaktion, die am Markt getätigt wird, trägt also dazu bei, dass die Kurse sich entwickeln und schwanken. Diese Veränderung wird von den Brokern eins zu eins übernommen.

## Wie profitiert man von steigenden und fallenden Kursen?

Anleger, die dem Trend folgen, zeichnen sich durch ein hohes Maß an Flexibilität aus. Als Anleger haben Sie zudem den großen Vorteil, dass Sie an mehreren Märkten gleichzeitig aktiv sein können (Diversifikation) und somit nie zu sehr von einem einzelnen Markt abhängig sind.

Nehmen wir an, Sie investieren ausschließlich in Aktien, die im DAX gelistet sind. Sobald ein unvorhergesehenes Ereignis eintritt, wie etwa die VW-Diesel-Affäre oder der Skandal rund um den Zahlungsdienstleister Wirecard, haben Sie automatisch verloren, denn der DAX reagiert auf solche Vorfälle mit sinkenden Kursen. Wenn Sie zusätzlich zum DAX aber auch noch auf anderen Märkten aktiv sind, können Sie eventuelle Verluste auf der einen, durch Gewinne auf der anderen Seite ausgleichen. Sollten Sie über einen längeren Zeitraum hinweg feststellen, dass ein spezieller Markt oder ein Teilbereich dieses Marktes Ihnen lediglich Verluste bereitet, hören Sie auf, dort zu investieren. Dies kann zum Beispiel der Fall sein, wenn ein Kurs eine sehr hohe Volatilität hat, also extreme Kursschwankungen produziert. Dies ist meistens ein Zeichen von Unsicherheiten am Markt, die Ihrem Gewinnpotenzial tendenziell im Weg stehen.

Bei klassischen ETF-Investments profitieren Sie von steigenden Kursen, das bedeutet, wenn der Wert Ihrer Positionen steigt, gewinnen Sie, wenn der Wert fällt, verlieren Sie. Tatsächlich können Sie aber auch auf fallende Kurse spekulieren. Hier verlassen wir den Bereich des Investments und begeben uns auf das Terrain der Börsenspekulationen. Auch mit Spekulationen können Sie eine vernünftige Rendite erwirtschaften, seien Sie sich nur der Tatsache bewusst, dass eine Spekulation immer risikoreicher ist als eine Investition.

ETFs steigen der Erfahrung nach langfristig in aller Regel in ihrem Wert, denn auch die meisten Aktien steigern über einen langen Zeitraum hinweg ihre Kurse. Kurzfristige Kursschwankungen können Sie weitaus schwieriger vorhersagen. Wenn Sie dennoch in diesem Bereich aktiv werden möchten, schlage ich Ihnen vor, sich mit dem sogenannten Daytrading zu befassen. Auch dazu gibt es jede Menge Literatur. Beim Daytrading kaufen und verkaufen Sie eine Position noch am selben Tag und können dabei sowohl auf fallende als auch auf steigende Kurse setzen. Sie profitieren also potenziell auch von Kursverlusten. Grundsätzlich würde ich Ihnen dennoch raten, zunächst die Finger vom Daytrading zu lassen. Sie benötigen dafür ein höheres Maß an Erfahrung und Risikobereitschaft, zum Vermögensaufbau sind ETFs deutlich sicherer und besser geeignet.

## Handelszeiten im Überblick

Ein großer Vorteil des modernen Börsenhandels ist, wie bereits erwähnt, dass Sie theoretisch zu jeder Tages- und Nachtzeit Positionen kaufen können. Sie sind nicht auf einen festen Ort (wie zum Beispiel auf ein Büro) oder ein bestimmtes Zeitfenster festgelegt. Bestimmte Indizes und Indexfonds an den Weltmärkten laufen rund um die Uhr, weshalb zu jeder Tages- und Nachtzeit eine Transaktion erfolgen kann. Wenn Sie jedoch an den klassischen, großen Börsen aktiv sein wollen, sollten Sie bedenken, dass diese bestimmte Handelszeiten haben, die aufgrund der Zeitverschiebung höchst unterschiedlich sind. In der folgenden Übersicht sehen Sie die Handelszeiten der sechs wichtigsten und größten Börsen der Welt. Die Angaben erfolgen jeweils in der Mitteleuropäischen Zeit (MEZ).

*Tabelle 1 Handelszeiten der sechs größten Börsen weltweit im Überblick*

| Börse | Handelszeiten |
|---|---|
| NASDAQ (Technik-Börse der USA) | Montag bis Freitag von 15:30 Uhr – 22:00 Uhr |
| New York Stock Exchange | Montag bis Freitag von 15:30 Uhr – 22:00 Uhr |
| Tokio Stock Exchange | Montag bis Freitag von 01:00 Uhr – 08:30 Uhr |
| London Stock Exchange | Montag bis Freitag von 08:00 Uhr – 16:30 Uhr |

| | |
|---|---|
| Frankfurter Börse | Montag bis Freitag von 09:00 Uhr – 20:00 Uhr |
| Shanghai Stock Exchange | Montag bis Freitag von 02:30 Uhr – 05:00 Uhr und von 06:00 Uhr – 09:00 Uhr |

Im Gegensatz zu den anderen Börsen macht die Shanghai Stock Exchange eine Mittagspause, in der Sie keine Transaktionen in Auftrag geben können. Die allermeisten Börsen weltweit arbeiten von Montag bis Freitag, bei manchen Brokern ist es möglich, auch samstags, also außerbörslich, zu handeln. Bei Bedarf können Sie sich diesbezüglich informieren, im Normalfall sollten Ihnen fünf Börsentage aber für Ihre Tätigkeiten ausreichen, zumal Sie nicht darauf angewiesen sind, jeden Tag Transaktionen vorzunehmen. Schließlich brauchen Sie auch einmal Zeit, um sich zu entspannen oder sich weitergehend mit den Inhalten des Börsenhandels zu beschäftigen.

## DIE PSYCHOLOGIE DER BÖRSE FÜR SICH NUTZEN

Seien Sie sich stets bewusst, dass sich auf dem Börsenparkett vieles nur unter psychologischen Gesichtspunkten verstehen lässt. Nicht nur Wirtschaftswissenschaftler oder gelernte Kaufleute haben den Durchblick an der Börse, auch Psychologen können Ihnen einiges über den Finanzmarkt verraten. Martin Weber lehrt an der Universität Mannheim und beschäftigt sich dort mit dem menschlichen Verhalten an der Börse. In einem Gespräch mit dem Manager Magazin erklärt er, wie sich die Menschen an der Börse oftmals verhalten.

Investoren sind meist von zwei wesentlichen Emotionen getrieben, die häufig zu Fehlverhalten führen: Angst und Gier. Diese starken Empfindungen führen dazu, dass Anleger sich oft nicht rational verhalten. Dies ist aber ein großer Fehler. den Sie möglichst nicht begehen sollten. Lassen Sie sich nicht irritieren, lassen Sie sich nicht von Ihren Emotionen treiben. Bewahren Sie Ruhe, auch wenn Ihr ETF oder Ihr gesamtes Portfolio an Wert verliert und kurzzeitig in die roten Zahlen abdriftet. Wenn Sie eine langfristige Anlagestrategie verfolgen, wird das immer wieder mal vorkommen. Geraten Sie deshalb nicht in Panik, langfristig werden Sie sehr wahrscheinlich gewinnen.

Die größte Schwäche, erklärt Weber, ist die Selbstüberschätzung. Insbesondere männliche Anleger neigen dazu, alles besser wissen zu wollen. Hier lässt sich also die Gier feststellen, die sich bei vielen Anlegern nach den ersten Erfolgen einstellt. Sie wollen immer mehr Gewinne erzielen und das in möglichst kurzer Zeit. Selbst wenn alle notwendigen Daten und Fakten auf dem Tisch liegen, meinen sie, ein besonders gutes Gespür oder besonders viel Ahnung zu haben.

Dabei empfiehlt es sich grundsätzlich immer, sich an die Faktenlage zu halten. In einem eigenen Bonuskapitel werde ich Ihnen später noch die sehr analytische und faktenbasierte Methode der Fundamentalanalyse näherbringen. Überstürzt zu handeln ist oft ein großer Fehler, der von Gier verursacht wird. An der Börse zu investieren, bedeutet auch Geduld und ein gutes Sitzfleisch! Nachhaltiger Erfolg stellt sich nicht von heute auf morgen ein. Ein kurzfristiger Erfolg kann durchaus schnell eintreten, doch genauso schnell kann er auch wieder verfliegen.

„Glück, ein klares Konzept – und ein paar simple Verhaltensregeln" braucht es laut Weber, um an der Börse erfolgreich zu sein. Machen Sie sich also frei von Furcht und Gier! Wenn es gut läuft, sollten Sie sich darüber freuen und nicht noch mehr Geld vor Augen haben. Nehmen Sie die Gewinne dankbar entgegen und ärgeren Sie sich nicht darüber, dass sie nicht noch höher ausgefallen sind. Haben Sie im Gegenzug aber auch keine zu große Angst vor Verlusten oder davor, Chancen zu verpassen, auf dem Markt ein- oder auszusteigen. Denn auch Angst treibt Sie zu unüberlegten Handlungen.

Gerade deswegen sollten Sie immer nur mit dem Geld an die Börse gehen, das Sie nicht zum Leben brauchen. Natürlich ärgert man sich trotzdem, wenn man Geld verliert, ebenso wie beim Lottospielen oder bei Sportwetten, wo man selbstredend auch lieber gewinnt als verliert. Aber es ist eben nicht existenzbedrohend, wenn man einmal einen Verlust erleidet oder einen Gewinn verpasst. Wenn Sie mit dieser Einstellung an die Sache herangehen, werden Sie viel gelassener und ruhiger agieren können. Dennoch sollten Sie lieber kein Lotto spielen, das Geld wäre in ETFs deutlich sinnvoller investiert.

Überlegen Sie nicht im Nachhinein, welche Chancen Sie vielleicht verpasst haben oder was Sie alles hätten tun können, um jetzt noch erfolgreicher dazustehen. Wer vor sechzig Jahren Coca-Cola-Aktien gekauft hätte oder vor fünfzehn Jahren Apple-Aktien, wäre heute mit Sicherheit wohlhabend und hätte das investierte Kapital vervielfacht. Martin Weber rückt diese Gedankenspiele im angesprochenen Interview aber wieder gerade: „Vor fünfzig, zehn oder acht Jahren hätte man auch zahllose Aktien von Unternehmen kaufen können, die heute pleite sind." Denken Sie immer daran: jeder Gewinn, so klein er auch sein mag, ist ein Erfolg!

### Info: Börse

Die erste Börse wurde bereits im Jahre 1409 im heute belgischen Brügge gegründet. Gehandelt wurden sogenannte Wechsel, also Papiere mit einem Auftrag zur Auszahlung an eine bestimmte Person. Heute würde man vermutlich Überweisungsträger dazu sagen. In Augsburg und Nürnberg wurden die ersten deutschen Börsen im Jahr 1540 gegründet. Der Handelsplatz befand sich damals noch unter freiem Himmel, erinnerte also tatsächlich eher an einen Wochenmarkt als an unsere heutige Vorstellung von einer Börse. Das erste Börsengebäude der Welt wurde 1613 in Amsterdam eingeweiht.

In Deutschland gibt es im Jahr 2021 acht verschiedene Börsen. Die mit Abstand wichtigste und bekannteste ist in Frankfurt am Main angesiedelt. Etwa 90 Prozent des Wertpapierhandels in Deutschland wird über Frankfurt abgewickelt. Das dortige Parkett bietet Platz für Wertpapiergeschäfte, sowohl für Privatanleger als auch professionelle Händler. Für Profis gibt es den elektronischen Handelsplatz Xetra.

## Keine Angst vor der Börse

Viele Menschen haben noch immer Berührungsängste mit der Börse. Gerade in Deutschland ist der Anteil der Aktionäre in der Bevölkerung noch immer vergleichsweise gering. Das liegt unter anderem an einigen hartnäckigen Mythen und Vorurteilen gegenüber dem Börsenparkett: es sei ein Umschlagsplatz für Zocker, es würden Unsummen von Geld verbrannt werden und am Ende ohnehin nur die gewinnen, die am unmoralischsten handeln.

Es ist zwar nicht von der Hand zu weisen, dass die Börse einige Möglichkeiten für risikoreiche Investments (Zockerei) bietet, auf der anderen

Seite gibt es aber auch seriöse und wenig risikoreiche Finanzprodukte wie zum Beispiel Aktien oder insbesondere ETFs. Bei diesen Anlagemöglichkeiten geht es nicht um immense Gewinne in Rekordzeit, wie man sie mit Spekulationen erwirtschaften, aber genauso schnell wieder verlieren kann. Sie müssen also keine Zocker-Mentalität mitbringen, um erfolgreich an der Börse zu sein. Auch ethisch fragwürdige Finanzprodukte können Sie gezielt umschiffen. Es gibt mittlerweile eine Vielzahl von ethischen, ökologischen und nachhaltigen ETFs, die Sie besparen können, ohne dabei in zweifelhafte Firmen oder Branchen zu investieren.

Haben Sie also keine Angst davor, am Finanzmarkt aktiv zu werden, und lassen Sie sich nicht aufgrund von Vorurteilen die Chance auf eine langfristige und gewinnbringende Investition entgehen.

# 2. Verschiedene Arten von Aktien

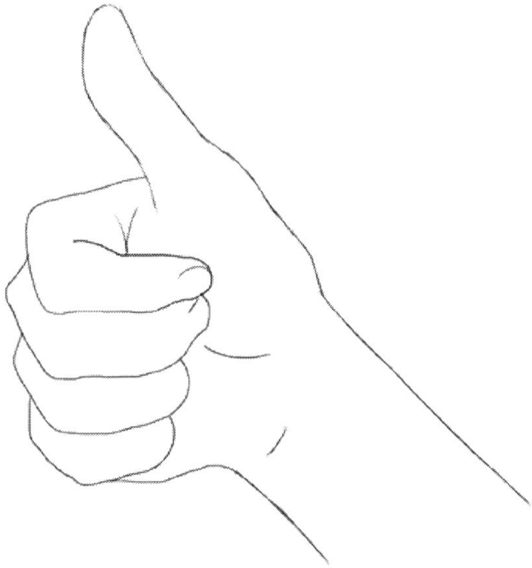

„Es gibt zwei Zeiten im menschlichen Leben, in denen man nicht spekulieren sollte: Wenn man es sich nicht leisten kann, und wenn man es kann“.
(Mark Twain)

# Was sind eigentlich Aktien?

Aktien sind Sachwerte. Machen Sie sich deshalb bewusst, dass Sie mit dem Erwerb einer Aktie eines Unternehmens Mitinhaber des entsprechenden Unternehmens werden. Dies ist insbesondere unter Risikogesichtspunkten von enormer Bedeutung. Kaufen Sie sich beispielsweise Daimler-Aktien, werden sie Anteilseigner des Unternehmens Daimler. Eine einzige Aktie reicht aus, um einen klitzekleinen Anteil an diesem Weltkonzern zu besitzen. Die Konzernbosse und Vorstände der Firmen sind lediglich die Angestellten, es sei denn, sie besitzen ebenso Aktien der Firma. Inhaber sind die Aktionäre. Bedauernswerterweise ist die Aktienkultur in Deutschland noch immer nicht sehr ausgeprägt. Während in Ländern wie beispielsweise den USA nahezu jeder zweite bis dritte Haushalt Geld an der Börse anlegt, sind die Deutschen hier deutlich zurückhaltender. Durch das Platzen der Dotcom-Blase Anfang der 2000er-Jahre sowie die Finanzkrise 2008/2009 haben sich sicherlich viele potentielle Anleger in ihren Zweifeln bestätigt gesehen, lieber erstmal abzuwarten und an der „Seitenlinie“ zu stehen. Hier sei gesagt: Crashs wird es immer wieder geben, aber langfristig haben sich alle großen Indizes Richtung Norden bewegt, sprich nach einem Crash folgt in der Regel immer ein neuer Aufwärtstrend. Symbolisch für den Aufwärts- und Abwärtstrend, in der Börsensprache auch als „Hausse“ und „Baisse“ bezeichnet, stehen die Symbole des Bullen und des Bären. Der Bulle mit seinen beiden nach oben gestreckten Hörnern steht hierbei positive Kursentwicklungen beziehungsweise einen längerfristigen Aufwärtstrend (auch als Hausse bezeichnet), der Bär hingegen mit seinem gesenkten Haupt steht für negative Kursentwicklungen respektive einen längerfristigen Abwärtstrend (auch als Baisse bezeichnet).

## Wie entsteht eine Aktie?

Nehmen wir an, es gibt ein Unternehmen A. Dieses existiert bereits, hat aber zusätzlich zur bisherigen Produktpalette eine neue Produktidee entwickelt und möchte mit deren Hilfe expandieren. Dafür benötigt das Unternehmen allerdings Geld. Es braucht zusätzliche Fläche für die Produktion und Lagerung des neuen Produkts sowie für die Logistik. Je nachdem um welches Produkt es sich handelt, werden zusätzliche Maschinen zur Herstellung benötigt. Nehmen wir an, die Kosten für die Expansion belaufen sich auf drei Millionen Euro.

Der Finanzbedarf von Unternehmen A beträgt somit drei Millionen Euro. Dem Unternehmen stehen zwei Möglichkeiten offen, wie es diesen Bedarf decken kann. In aller Regel werden beide Möglichkeiten parallel ausgeschöpft. Die erste Möglichkeit ist die eines Bankkredites oder Schuldscheins, das Unternehmen leiht sich also Geld von der Bank, um einen Teil der Ausgaben zu finanzieren. Kommt die neue Produktidee gut an und das Unternehmen erzielt damit Gewinne, kann es von diesen Gewinnen den Kredit zurückzahlen.

Die zweite Möglichkeit ist es, die Finanzierung über das Eigenkapital zu gewährleisten. Unternehmen A kann also außenstehende Personen an der Finanzierung beteiligen. Dazu gibt Unternehmen A Aktien an diese Leute aus, die wiederum durch den Kauf der Aktien in das Unternehmen investieren. Das Unternehmen bekommt von Ihnen Geld und gibt dafür die entsprechende Anzahl an Aktien an Sie heraus. Bei einer Aktiengesellschaft nennt man diese Investoren dann Aktionäre. Diese sind durch ihre Investition Miteigentümer des Unternehmens A, sie sind *direkt* an den Gewinnen und Verlusten von A beteiligt.

## Rechte der Aktionäre

Meistens geben Unternehmen etwas weniger als fünfzig Prozent des eigenen Firmenwertes als Aktien heraus, sie sorgen also dafür, dass sie trotz der Beteiligung der Aktionäre weiterhin die Mehrheit ihres Unternehmens halten. Dennoch sind Aktionäre nicht gänzlich machtlos gegenüber dem Unternehmen. Sie haben nämlich ein Stimmrecht und dürfen bei wichtigen Entscheidungen, die im Unternehmen getroffen werden, ein Wörtchen mitreden. Aktiengesellschaften sind verpflichtet, einmal im Jahr eine Hauptversammlung abzuhalten, zu der alle Aktionäre eingeladen werden müssen.

## Wie ermittelt man den Wert einer Aktie?

Unternehmen A ist von Haus aus fünf Millionen Euro wert. Zusätzlich zu diesem Wert stockt das Unternehmen A via Kredit sein Kapital zusätzlich auf. Es nimmt also einen Kredit auf, um mehr Kapital für das operative Geschäft zur Verfügung zu haben. Durch diese Aufstockung und die Aktienausgabe kommen drei Millionen Euro hinzu, weshalb der Wert des Unternehmens A nun acht Millionen Euro beträgt. Nehmen wir an, dass A Aktien mit einem Gesamtwert von zwei Millionen Euro herausgeben möchte. Wenn Sie den Wert der Einzelaktie ermitteln wollen, teilen Sie den Wert von acht Millionen durch den von zwei Millionen. Eine Aktie wäre also in diesem Beispiel vier Euro wert. Gibt A lediglich Aktien im Wert von einer Million heraus, würde der Wert einer Einzelaktie acht Euro betragen.

Nehmen wir an, Sie kaufen von den zwei Millionen Aktien, die es auf dem Markt gibt, zweitausend Stück. Sie besitzen also Aktien im Wert von zwei Millionen geteilt durch zweihundert. Ihnen gehört demnach ein Tausendstel des Unternehmens A (das sind 0,1 Prozent).

Man kann sagen, dass Sie zu einem Tausendstel Besitzer des Unternehmens sind.

## Verschiedene Arten von Aktien

Im Folgenden möchte ich Ihnen näher erläutern, welche verschiedenen Arten von Aktien es gibt. Wenn Sie vielleicht schon nach einer bestimmten Aktie gesucht haben, zum Beispiel der Firma BMW, haben Sie vielleicht bereits bemerkt, dass es von diesem Unternehmen verschiedene Arten von Aktien bzw. verschiedene Aktiengattungen gibt. Die Unterschiede zwischen den einzelnen Aktiengattungen mögen marginal erscheinen, jedoch ist es für Sie als privater Anleger von enormer Bedeutung, die Unterschiede zu kennen, bevor Sie sich für den Kauf einer bestimmten Aktie entscheiden.

### Stammaktien

Die Stammaktie ist die klassische und wohl am meisten verbreitete Aktiengattung. Als Inhaber einer Stammaktie sind Sie Miteigentümer der Firma und haben dadurch das Recht, an der jährlich stattfindenden Hauptversammlung des Unternehmens teilzunehmen und über die auf der Tagesordnung stehenden Punkte abzustimmen. Dies gilt insbesondere für die Entlastung des Vorstandes und des Aufsichtsrates. Stammaktien sind die am meisten gehandelten Aktien in Deutschland.

### Vorzugsaktien

Als Inhaber von Vorzugsaktien dürfen Sie sich selbstverständlich ebenso Miteigentümer des jeweiligen Unternehmens nennen. Es gibt jedoch einen wesentlichen Unterschied zu den oben genannten Stammaktien: Sie besitzen auf der jährlich stattfindenden Hauptversammlung keinerlei Stimmrecht. Praktisch gesehen kann Ihnen dieser Nachteil eigentlich egal sein, da Sie in der Regel nie so viele Aktien eines Unternehmens in Ihrem Besitz halten, um hiermit die Abstimmungen und Wahlen auf den Hauptversammlungen zu beeinflussen. Für diesen in der Theorie existierenden Nachteil erhalten Sie als Aktionär jedoch auf der anderen Seite einen praktikablen Vorteil (Vorzug): eine höhere Gewinnausschüttung, sprich Dividende. Dies ist der Grund, warum diese Aktiengattung als Vorzugsaktien betitelt wird.

Sicherlich wird bei Ihnen jetzt die Frage aufkommen, warum Unternehmen nicht nur Stammaktien, sondern auch Vorzugsaktien ausgeben. Dies kann verschiedene Gründe haben. Interessant ist die Ausgabe von Vorzugsaktien vor allem für inhabergeführte Unternehmen, die auf der einen Seite durch die Ausgabe eben dieser Vorzugsaktien Eigenkapital einnehmen und somit ihre Eigenkapitaldecke bzw. -struktur stärken wollen, auf der anderen Seite aber die Aktionäre von den Abstimmungen und Wahlen auf den jeweiligen Hauptversammlungen ausschließen können. Stellen Sie sich das wie folgt vor: Sie sind Inhaber einer Aktiengesellschaft und wollen an die Börse gehen, möchten aber Vorstand bleiben und die weiterhin die volle Kontrolle über Ihr Unternehmen behalten. Dazu verkaufen Sie zum Beispiel lediglich die Hälfte Ihres Aktienkapitals in Form von Vorzugsaktien, die andere Hälfte bleibt als stimmberechtigte Stammaktien in Ihrem Besitz. Clever, oder?

Als stimmrechtloser Vorzugsaktionär haben Sie aber tatsächlich noch einen weiteren, sehr entscheidenden Nachteil, den ich Ihnen anhand eines Beispiels erläutern möchte: Stellen Sie sich vor, Sie sind Vorzugsaktionär bei Unternehmen A. Nun wird bekannt, dass Unternehmen B sich für die Übernahme Ihres Unternehmens interessiert, sprich Ihr Unternehmen soll aufgekauft werden. Es entsteht eine sogenannte „Übernahmeschlacht“. Nun werden Sie mit Bedauern feststellen müssen, dass der Kurs der Stammaktie steigt und steigt, während der Kurs Ihrer Vorzugsaktie vor sich hindümpelt. Die Logik dahinter ist ganz simpel: Bei einer Übernahme geht es um die Macht und dein Einfluss in dem zu übernehmenden Unternehmen. Dieser Einfluss ist nur durch Übernahme der Stammaktien, sprich der stimmberechtigten Anteile, möglich. Daher werden Vorzugsaktionäre von einer solchen Übernahme nicht profitieren.

## Inhaberaktien

Als Inhaberaktien werden alle Aktien bezeichnet, die der Person, in dessen Besitz sie sich gerade befinden. Sie können Inhaberaktien zu jeder Zeit an jede x-beliebige Person weiterverkaufen, weitergeben oder gar verschenken, völlig unabhängig, ob es sich dabei um Stamm- oder Vorzugsaktien handelt. Wenn Sie eine Inhaberaktie in den Händen halten, sind Sie Besitzer und Eigentümer zugleich. Inhaberaktien sind nahezu prädestiniert für den Börsenhandel, da diese ohne allzu großen Aufwand auf eine andere Person übertragen werden können.

## Namensaktien

Bei der Namensaktie handelt es sich um das genaue Gegenteil zur Inhaberaktie. Namenaktien werden immer auf den Namen des aktuellen Eigentümers ausgestellt. Ihr Name wird dabei mit Adresse im Aktienregister des entsprechenden Unternehmens, von welchem Sie Aktien erworben haben, eingetragen. Für die Unternehmen hat dies einen besonderen Vorteil: Sie können immer genau nachverfolgen, in wessen Händen sich ihre Aktien gerade befinden. Mittlerweile sind Namensaktien auch in Deutschland recht weit verbreitet. Lange Zeit galten Namensaktien aufgrund des erhöhten Arbeitsaufwands (Eintragung der Aktionäre) als unbeliebt in Deutschland. Da sich aber auch in Deutschland die Börse immer mehr weg vom Parketthandel hin zu elektronischem Handel bewegt hat, ist die Handelbarkeit mittlerweile deutlich einfacher. An den amerikanischen Börsen ist der Handel mit Namensaktien mittlerweile eher die Regel als die Ausnahme.

# 3. Woran erkennt man, ob ein Unternehmen lukrativ ist?

Wenn Sie in Aktien investieren, sollten Sie vorher prüfen, ob das Unternehmen, dessen Aktien Sie kaufen möchten, auch lukrativ ist. Oder vereinfacht gesagt, ob sich Ihr Investment lohnen wird. Abseits von Medienberichten oder dem Image eines Unternehmens gibt es auch belastbare Zahlen, anhand derer Sie den Zustand und die Aussichten eines Unternehmens bewerten können.

# Fundamentalanalyse

Um den Wert von Unternehmen, beziehungsweise den Wert der von ihnen herausgegebenen Aktien, zu bewerten, gibt es verschiedene Instrumente. Eines davon ist die Fundamentalanalyse. Insbesondere, wenn Ihr Portfolio einen großen Aktienanteil enthalten soll, ist es ratsam, den Kurs dieser Aktien zu beobachten und zu bewerten. Die Fundamentalanalyse ist dabei nicht darauf ausgelegt, einen bestimmten Zeitpunkt für den Einstieg am Markt festzulegen. Dafür gibt es die Chartanalyse, die ich Ihnen an dieser Stelle jedoch nicht näher erläutern möchte, da sie grundsätzlich eher für Daytrader und kurzfristige Anlagen geeignet ist. Die Fundamentalanalyse dagegen ist das ideale Werkzeug, wenn Sie langfristig investieren möchten.

## Wie funktioniert die Fundamentalanalyse?

Es handelt sich um eine spezielle Form der Finanzanalyse, bei der Unternehmensdaten und betriebswirtschaftliche Kennzahlen beobachtet, zusammengetragen und anschließend ausgewertet werden. Man spricht auch von Fundamentaldaten, daher der Name Fundamentalanalyse. Ziel dieser Auswertung ist es, den angemessenen Börsenkurs eines Wertpapieres in der Zukunft zu ermitteln, also das sogenannte Kursziel zu definieren. Oder vereinfacht ausgedrückt: Man möchte herausfinden, ob es sich lohnt, Aktien eines bestimmten Unternehmens zu kaufen oder nicht, ob die Zukunftsaussichten positiv oder negativ sind.

# Welche Kennzahlen werden betrachtet?

## Kurs-Gewinn-Verhältnis

Der derzeitige Kurs eines Wertpapiers wird durch den erwarteten Unternehmensgewinn geteilt (dividiert). Aus dieser Rechenoperation ergibt sich ein Wert. Wertpapiere, meist Aktien, die unterhalb dieses Wertes liegen, gelten als günstig, Aktien, die über dem Wert liegen als teuer. Ziel ist es selbstverständlich, die günstigsten Aktien auszuwählen, also die, bei denen sich eine Investition vermutlich am meisten lohnt.

## Kurs-Buchwert-Verhältnis

Der aktuelle Kurswert wird durch den Buchwert der Aktie geteilt. Der Buchwert wiederum ist das Eigenkapital einer Firma, dividiert durch die Anzahl der ausgegebenen Aktien. Diese Berechnung ist logisch nachvollziehbar, schließlich müsste eine Aktie, nimmt man das Herdenverhalten und die Stimmungen an der Börse aus der Gleichung heraus, exakt so viel Wert sein wie der Anteil an dem entsprechenden Unternehmen, das die Aktie repräsentiert. Der faire Wert der Aktie sollte also ungefähr dem Buchwert entsprechen.

## Eigenkapitalquote

Die Eigenkapitalquote ist das Eigenkapital eines Unternehmens im Verhältnis zu seiner Bilanzsumme. Man teilt ersteres durch letztere und multipliziert das Ergebnis mit dem Faktor hundert. Anhand dieser Zahl können die Stabilität und die Unabhängigkeit eines Unternehmens bewertet werden. Je höher der Wert, desto stabiler und selbständiger das Unternehmen. Schließlich ist eine hohe Eigenkapitalquote ein Zeichen dafür, dass ein Unternehmen im Krisenfall nicht so sehr von Fremdkapital abhängig ist.

## Kritik

Auch die Fundamentalanalyse ist natürlich nicht perfekt, sie ist allerdings ein zuverlässiges Instrument, um Aktien und andere Wertpapiere zu bewerten. Häufigster Kritikpunkt ist, dass sie den sogenannten Noise, also das Getuschel, die Gerüchte und Stimmungen an der Börse, die oft zu Entscheidungen von Anlegern führen, missachtet, also zu streng analytisch vorgeht und die Irrationalität der Akteure nicht miteinbezieht. Für diesen menschlichen Faktor gibt es allerdings keine Berechnungsmethode, denn wie gesagt: Absolute Wahrheiten gibt es an der Börse nie.

# 4. WAS SIND ETFS UND WIE ENTSTEHEN SIE?

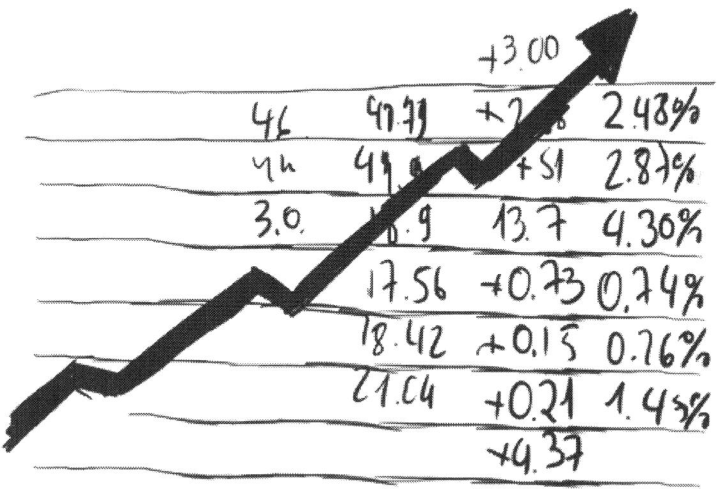


„EINE INVESTITION IN WISSEN BRINGT NOCH IMMER DIE BESTEN ZINSEN“.
(BENJAMIN FRANKLIN)

ETF ist die Abkürzung für den englischen Begriff *Exchange Traded Fund*, zu Deutsch: börsengehandelter Fonds. Es handelt sich also schlicht und ergreifend um einen Investmentfonds, der an einer Börse gehandelt wird. Das besondere an ETFs ist jedoch, dass sie dabei einen Börsenindex nachbilden. Die Wertentwicklung eines ETFs folgt also der Entwicklung des Indizes, an den er gebunden ist (passive Verwaltung). An der Börse gibt es mittlerweile zahlreiche *passiv verwaltete* Fonds, deren Anteil sich in den vergangenen Jahren spürbar erhöht hat. Passive Verwaltung oder auch passives Management ist eine Strategie zur Verwaltung von börsennotierten Vermögenswerten. Dabei wird durch einen Fonds der Verlauf eines Börsenindex nachgebildet, daher spricht man bei passiv gemanagten Fonds auch oftmals von *Indexfonds*. Bekannte Indizes sind zum Beispiel der Deutsche Aktienindex (DAX) oder das US-amerikanische Pendant, der Dow Jones.

Der Fonds bildet exakt den Verlauf des Indizes ab. Steigt also der DAX um drei Prozentpunkte, so steigt ein Fond, der den DAX nachbildet, ebenfalls um drei Prozent. Sinkt der DAX um zwei Prozentpunkte, trifft dies auch auf den Indexfond zu. Der DAX soll hier nur zur Veranschaulichung dienen, da es sich um den bekanntesten deutschen Börsenindex handelt und Sie sich darunter vermutlich etwas vorstellen können. Tatsächlich gibt es Indizes, die sich deutlich besser für eine Abbildung in Form eines ETFs eignen und für Investoren daher empfehlenswerter sind. Dazu später mehr. Zuvor möchte ich aber erklären, wie ein ETF entsteht.

### *Wie entstehen ETFs?*

Grundlegend betrachtet können ETFs auf zwei verschiedene Arten entstehen:

## Physische Abbildung

Bei der physischen Abbildung wird zuerst eine eigene *Gesellschaft* gegründet, welche die Wertpapiere physisch, also tatsächlich, einkauft. Als physisch wird der Kauf deshalb bezeichnet, weil man vor einigen Jahrzehnten noch nicht über die notwendige Computersoftware verfügte, um diese Käufe über ein automatisiertes, technisches System abzuwickeln. Man ging also tatsächlich zur Börse und kaufte ein Wertpapier, zum Beispiel eine Aktie, wie man ein Comicheft oder eine Zeitung in einem Zeitschriftenladen kauft. Das Wertpapier lag dann nicht nur digital, sondern tatsächlich physisch vor. Heute werden derartige Käufe überwiegend automatisiert abgewickelt.

Bei der physischen Abbildung werden also Wertpapiere von der Fondsgesellschaft eingekauft. Logischerweise schwankt der Wert des Fonds in genau dem gleichen Ausmaß wie der Wert der in dem Fonds enthaltenen Wertpapiere. Man nennt diese Wertpapiere auch *Titel*. Ziel der Gesellschaft ist es, die Fonds an Anleger auszugeben, diese also am Risiko, aber auch an den Gewinnchancen zu beteiligen. Ähnlich wie bei einer Aktie kaufen Sie also als Anleger einen kleinen Teil der Titel und finanzieren die Fondsgesellschaft somit zu einem gewissen Prozentsatz. Sie stellen der Gesellschaft Kapital zur Verfügung, mit dem diese wiederum ihre laufenden Kosten (zum Beispiel für die technische Ausrüstung oder die Verwaltung) abdecken kann. Wenn die Fondsgesellschaft Gewinne erzielt, können Sie an diesen Gewinnen partizipieren. Sie geben das Geld also nicht aus, sondern *investieren* es.

Um den Anlegern diese Investitionen zu ermöglichen, legt die Gesellschaft einen Fonds auf und gibt die entsprechenden ETFs heraus. Der Wert der ETFs richtet sich ebenfalls nach dem Wert der enthaltenen Titel, womit der Index eins zu eins abgebildet ist. Der Vorteil dieser physischen Abbildung ist, dass das sogenannte Emittentenrisiko wegfällt. Der Emittent ist das Unternehmen, welches Wertpapiere herausgibt. Wenn

Sie also einen ETF auf den DAX kaufen, der von der Commerzbank herausgegeben wurde, machen Sie selbst dann keinen Verlust, wenn die Commerzbank Konkurs anmeldet, sondern nur, wenn der gesamte DAX Verluste macht.

Die Orientierung an klassischen Börsenindizes ist die häufigste Form der Ausgestaltung eines ETFs. Allerdings gibt es auch noch andere Varianten, manche ETFs orientieren sich zum Beispiel an ganzen Branchen wieder Finanz-, der Medien- oder Pharmabranche. Auch Rohstoffe können unter dem Dach von ETFs gehandelt werden, zum Beispiel Gold oder Erdöl. Zudem gibt es die Möglichkeit, den Wert der Fonds an die wirtschaftliche Entwicklung ganzer Staaten oder Regionen zu knüpfen. Der ETF folgt dann beispielsweise den Konjunkturdaten der USA oder der sogenannten Schwellenländer.

Die Ausrichtung eines ETFs an den Wirtschaftsdaten eines oder mehrerer dieser Staaten verspricht auf der einen Seite Gewinne, da das Wachstum in den Schwellenländern meist höher ist als in den Industriestaaten, die ihre Wachstumspotenziale größtenteils bereits ausgeschöpft haben. Auf der anderen Seite sind diese Länder oft politisch instabil. Dies kann wiederum zu größeren Schwankungen und gegebenenfalls zu Kursverlusten führen. Zu empfehlen sind solche ETFs also nur bedingt.

Wie bereits erwähnt, richten sich die meisten ETFs nach Börsenindizes aus. Im Folgenden werde ich das Prinzip der Exchange Trading Funds daher auch am Beispiel eines Börsenindex erklären.

## SYNTHETISCHE ETFS

Wenn der Anbieter eines ETFs den DAX physisch abbilden will, dann ist das kein Problem. Es handelt sich um eine begrenzte Anzahl an Unternehmen, die alle eine gewisse Größe und eine Position auf dem Weltmarkt vorweisen können. Möchte man aber andere Indizes abbilden, beispielsweise den MSCI World Index, der eine wesentlich größere Anzahl an Unternehmen auf der ganzen Welt beinhaltet, ist das physisch kaum möglich. Dies wäre enorm teuer und würde zu hohen Transaktionsgebühren für die Anleger führen. Um ETFs für solche Indizes abbilden zu können, hat man synthetische ETFs entwickelt.

Der Begriff *Synthese* (griechisch für Zusammenfassung, Verknüpfung) bezeichnet die Vereinigung von mehreren Elementen zu einer neuen Einheit, wie es auch beim synthetischen ETF passiert. Dieser ist nicht direkt an einen Index angeschlossen, sondern nutzt *Swaps.* Swaps sind gegenseitige Zahlungsverpflichtungen, meist zweier Institutionen, zum Beispiel dem Anbieter des ETFs und einer Bank. Die Bank investiert also in den ETF, somit sind diese und der ETF-Anbieter Swap-Partner, auch *Kontrahenten* genannt. Oft findet ein Swap zwischen dem Anbieter und dessen Mutterkonzern statt, die meisten bekannten ETFs gehören zu großen Finanzkonzernen, meist Banken oder Versicherungen. So swappt zum Beispiel der ETF *db X-trackers* mit dem Herausgeber des ETFs, der Deutschen Bank. Wichtig ist es zu wissen, dass die Swaps nicht über die Börse abgewickelt werden, da es sich um Absprachen zwischen den beiden Kontrahenten handelt, welche diese Vereinbarungen nicht öffentlich machen müssen.

Die synthetische Nachbildung ist genauer als die physische. Außerdem fallen hier weniger Gebühren an, da keine Mietkosten für den Finanzplatz bezahlt werden müssen und auch kein Broker, der für. die physische Abbildung zwingend notwendig ist. Aufgrund der geringeren Kosten bleibt also am Ende mehr für die Anleger übrig.

Wie beinahe alles im Leben hat auch der Handel mit ETFs zwei Seiten. Auf der einen Seite sind ETFs sehr sichere und solide Finanzprodukte, die eine langfristige Anlage ohne hohes Verlustrisiko ermöglichen. Doch natürlich bleibt immer ein gewisses Risiko bestehen. Im folgenden Kapitel werden wir daher beleuchten, welche Vor- und Nachteile der Handel mit ETFs hat, welche Chancen er eröffnet und welche Risiken er birgt. Beginnen wir zunächst mit den Vorteilen.

*Tabelle 2 Vor- und Nachteile von synthetischen und physischen ETFs*

| | Vorteile | Nachteile |
|---|---|---|
| Synthetische ETFs | + Sie bilden einen *Referenzindex* ab, das heißt, Sie können jederzeit nachvollziehen, wie sich der Kurs entwickelt (hohes Maß an Transparenz!)<br>+ Passives Management bedeutet keine hohen Kosten und Gebühren für die Verwaltung der Fonds<br>+ Sie werden täglich an der Börse gehandelt<br>+ Sie sind kostengünstig, keine Gebühren | - Minimales Restrisiko durch Kontrahentenrisiko (Insolvenz des Partners)<br>- eventuelle Intransparenz bei den Gebühren (daher genau informieren!) |
| Physische ETFs | + Sie bilden einen Referenzindex ab, Sie können jederzeit nachvollziehen, wie sich der Kurs entwickelt (hohes Maß an Transparenz!)<br>+ Passives Management bedeutet keine hohen | - Sind teurer und kosten daher mehr Gebühren<br>- Die Anleger tragen das volle Risiko, erhalten aber nicht die vollen Erträge. Die Kosten für die physische Abbildung werden auf die Anleger umgewälzt. |

| | Vorteile | Nachteile |
|---|---|---|
| Physische ETFs | Kosten und Gebühren für die Verwaltung der Fonds<br>+ Sie werden täglich an der Börse gehandelt<br>+ Sie bieten eine hohe Sicherheit | |

# 5. Vorteile von ETFs

Gegenüber klassischen Fonds oder Einzelaktien bieten ETFs einige Vorteile. Gehen wir also kurz darauf ein, was einen ETF von anderen Börsenprodukten im positiven Sinne unterscheidet.

# Passiv gemanagte Fonds

Nehmen wir also der Einfachheit halber an, dass ein Fonds den genauen Verlauf des Deutschen Aktienindizes (DAX) abbildet. Wenn der DAX an einem Handelstag um zwei Prozentpunkte steigt, legt auch der Wert des Indexfonds um zwei Prozentpunkte zu. Fällt der DAX um vier Prozent, verhält sich der Fonds entsprechend und verliert ebenfalls vier Prozent. Durch diese Abbildung des Kursverlaufs ist die Verwaltung solcher Fonds wesentlich einfacher als jene von aktiv gemanagten Fonds, die eigene, indexunabhängige Kursschwankungen erleben.

Nun fragen Sie sich vielleicht, warum Sie nicht gleich in den DAX investieren sollen, wenn doch der Index ohnehin nur ein Abbild der dortigen Kurse ist. Nun, die Antwort ist einfach. Der Kurs des DAX setzt sich aus den Kursen der dreißig wertvollsten deutschen Unternehmen zusammen. Um also tatsächlich auf den Kurs des DAX spekulieren zu können, müssten Sie von jedem dieser dreißig Unternehmen mindestens eine Aktie kaufen. Dies wäre zwar theoretisch möglich, würde aber einen enormen Aufwand von Kapital bedeuten, oder einfacher gesagt: Es wäre schlicht zu teuer. Im Durchschnitt kosten die Aktien eines DAX-Unternehmens je nach aktuellem Kurs um die hundert Euro (Stand März 2021). Die finanzielle Einstiegshürde für das Investment in einen passiven Fonds, der den Verlauf des DAX abbildet, ist wesentlich niedriger.

Ein weiterer Vorteil, den ein solcher Indexfonds für Anleger bietet, ist, dass er in der Regel stabiler ist als eigenständige Aktien. Haben Sie im vergangenen Jahr manchmal die Börsenkurse verfolgt oder die Überschriften im Wirtschaftsteil der großen Zeitungen gelesen? Falls ja, haben Sie mit Sicherheit von dem Skandal rund um die Firma Wirecard gehört, die mit gefälschten Bilanzen und irreführenden Angaben über das eigene Kapitalvermögen einen politischen Aufruhr erzeugt hat. Der Aktienkurs von Wirecard ist, seitdem bekannt ist, dass das Unternehmen offensichtlich fehlerhafte beziehungsweise bewusst falsche Zahlen vorgelegt hat, rapide gesunken. So etwas konnte niemand voraussehen und ist normalerweise auch nicht zu erwarten, denn der Kurs der Aktie zeigte bis dahin konstant nach oben. Wirecard galt unter Experten und Anlegern lange Zeit als goldene Investition. Hätten Sie also Aktien von Wirecard gekauft, hätten Sie Ihr blaues Wunder erlebt. Ähnlich wäre es Ihnen als VW-Aktionär ergangen, als der Diesel-Skandal aufgedeckt wurde.

Auch Wirecard und VW sind im DAX verzeichnet. Dort sind sie aber nur zwei von dreißig, die achtundzwanzig anderen Unternehmen sind unbeeindruckt von diesem Vorfall geblieben und haben ihre Kurse halten können. Wenn Sie also in einen Fonds investiert haben, der den Verlauf des gesamten DAX abbildet, haben Sie, wenn überhaupt, nur kleinere Verluste hinnehmen müssen. Es ist sehr unwahrscheinlich, dass der gesamte DAX einen enormen Kursverlust erleidet, der nicht vorhersehbar ist. Sogenannte Crashs, das heißt rapide Verluste und Kursabstiege an der Börse, haben im Normalfall einen Grund.

Dieser kann politischer Natur sein oder sich aus Entscheidungen innerhalb der Wirtschaft ergeben. Beispielsweise verlieren die Börsenkurse nach einem unerwarteten Wahlausgang in der Regel zunächst. Würde hierzulande die Linkspartei bei der nächsten Bundestagswahl die absolute Mehrheit gewinnen, können Sie sich ziemlich sicher sein, dass die Börsenkurse fallen werden. Ebenso können Ankündigungen großer Konzerne zu fallenden Kursen führen. Die Bekanntmachung von Stellenstreichungen, von Umstrukturierungen oder von Verkäufen (beispielsweise eines Tochterunternehmens) kann von den Anlegern entweder als positives Signal für die Zukunft oder aber auch als Zeichen fehlender Stabilität gewertet werden. Dies sorgt für Unruhe an den Märkten, ebenso wie zum Beispiel die Aufdeckung des Abgasskandals rund um Volkswagen im Jahre 2015.

Halten wir also zunächst fest, dass passiv gemanagte Fonds in aller Regel Indexfonds sind, ihr Kurs folgt dem Verlauf eines bestimmten Index. Es muss natürlich nicht immer der DAX sein, er ist der bekannteste, aber bei Weitem nicht der einzige Index an der Börse. Indexfonds sind stabiler als einzelne Aktien, weil sie mehrere Unternehmen oder zum Beispiel auch Währungen unter einem Dach vereinen und daher nicht so stark von den Kursen einzelner Marktakteure abhängig sind.

Stellen Sie es sich einfach so vor: Wenn Sie sich einen neuen Kleiderschrank für Ihr Schlafzimmer gekauft haben und ihn gemeinsam mit einem Freund die Treppen des Hauses, bis zum vierten Stock, hochtragen müssen, dann macht es sich natürlich schnell bemerkbar, wenn einer von Ihnen beiden schlapp macht und nicht mehr seine volle Kraft zum Tragen aufwenden kann. Wenn Sie aber zu viert sind, um den Schrank zu transportieren, können Sie das Schwächeln eines einzelnen Helfers relativ problemlos ausgleichen. Es wird wahrscheinlich schwieriger, den Schrank nach oben zu schaffen, aber es ist nicht mehr unmöglich. Stabilität ist also ein wichtiges Kriterium bei der Auswahl der Investitionsmöglichkeiten. ETFs bieten allerdings noch weitere Vorteile:

## Täglich über die Börse gehandelt

ETFs werden in der Regel, wie auch Aktien, täglich an der Börse gehandelt. Dies ist auch sinnvoll, schließlich bilden ETFs Indizes ab, die wiederum ebenfalls täglich an der Börse gehandelt werden. In diesem Punkt unterscheiden sie sich von Investmentfonds, welche normalerweise über die Fondsgesellschaft, also den Anbieter, gehandelt werden und nicht über die Börse. Der Vorteil des täglichen Handels an der Börse ist, dass sich ETFs somit schneller verkaufen, also schneller zu Geld machen lassen, als herkömmliche Fonds. Wenn Sie einen Investmentfonds wieder verkaufen möchten, geht er zunächst an die Fondsgesellschaft zurück. Bis die Gutschrift der Gesellschaft auf Ihrem Konto ankommt, können gut und gerne ein paar Tage ins Land gehen. Bei ETFs hingegen erhalten Sie den Erlös direkt und unmittelbar.

INFO: INDEXFONDS

Ursprünglich waren Indexfonds die einzigen börsennotierten Fonds, mittlerweile gibt es aber auch einige aktiv gemanagte Fonds auf dem Börsenparkett. Die Idee, einen Fonds an die Börse zu bringen, der den Verlauf von Indizes nachbilden sollte, entstand um das Jahr 1970 in den USA. Der erste derartige Fonds wurde von der Firma *State Street Global Advisors* auf den Markt gebracht und ist bis heute der größte, an der Börse gehandelte ETF. Ein weiterer sehr bekannter ETF ist *Diamonds*, der sich am Verlauf des Dow Jones, dem US-amerikanischen Pendants zum DAX, orientiert und vor allem in den USA sehr beliebt ist.

## Renten-ETFs und ETFs für die Rente: Sicher in die Zukunft

### *Renten-ETFs*

Rentenfonds sind eine bestimmte Art von Investmentfonds. In der Regel kaufen Sie dabei einzelne Anleihen und packen diese zusammen in ein Paket. Entgegen der ersten Assoziation, die Ihnen wahrscheinlich beim Begriff *Rente* in den Sinn kommt, haben Renten-ETFs wenig mit der Altersvorsorge zu tun. Es handelt sich bei Rente in diesem Fall um einen etwas altmodischen Begriff für Anleihe – Renten-ETFs heißen daher auch Anleihen-ETFs.

Anleihen funktionieren nach folgendem Prinzip: Ein Unternehmen oder ein Staat leiht sich Geld, um akute Ausgaben finanzieren zu können. Sie als Anleger helfen dem Unternehmen oder dem Staat (Staatsanleihen) also mit Ihrem Kapital und erhalten im Gegenzug ein Schuldpapier, das die Anleihe-Dauer und einen eventuellen Zinssatz verbrieft. Vor allem Unternehmen nutzen Anleihen mittlerweile gerne als Alternative zu klassischen Bankkrediten.

Wenn Sie sich für ein Investment mit Anleihen entschieden haben, stehen Ihnen zwei Möglichkeiten offen: Sie können direkt einzelne Anleihen erwerben oder in einen Fonds investieren, in dem verschiedene Anleihen gebündelt werden. Die letztgenannte Variante bietet Ihnen den Vorteil, dass Ihr Risiko gestreut ist, da verschiedene Anleihen gleichzeitig in Ihrem Portfolio vereint sind. Sollte eine Anleihe sich als Ausfall erweisen, zum Beispiel weil das ausgebende Unternehmen Konkurs anmelden muss, sind Sie über die anderen Anleihen in Ihrem Portfolio dennoch abgesichert und erleiden keinen Totalverlust.

Vor allem Staatsanleihen sind bei Anlegern in der Regel sehr beliebt, sie gelten als sicherer Hafen, denn Staaten sind im Normalfall stabiler als private Unternehmen.

Die Schwankungen von deutschen Staatsanleihen sind also geringer als die des DAX, welcher die umsatzstärksten deutschen Unternehmen vereint.

Ein weiterer positiver Effekt kommt Ihnen zugute, wenn Sie in Anleihe-Fonds investieren. Der niedrige Leitzins, den die Europäische Zentralbank seit der Finanzkrise 2008 zur Stärkung des Konsums in der Eurozone verordnet hat, sorgte für eine Wertsteigerung der finanziell solide aufgestellten Staaten. Da es auf Staatsanleihen im Gegensatz zu Sparbüchern noch Zinsen gibt, wurde diese Investitionsmöglichkeit in den vergangenen Jahren stark genutzt. Bisher ist nicht absehbar, dass die EZB von ihrer Niedrigzinspolitik abweicht, weshalb Rentenfonds auch in Zukunft eine rentable und solide Anlageform darstellen dürften.

Investieren Sie also passiv in Anleihen, indem Sie Rentenfonds besparen. So streuen Sie Ihr Risiko mittels Diversifizierung und haben zusätzlich zu klassischen Indexfonds eine weitere Investition in Ihr Portfolio aufgenommen, die sich in den letzten Jahren als solide und rentabel erwiesen hat.

### *ETFs als Altersvorsorge*

Vielleicht leuchtet es Ihnen auf den ersten Blick nicht ein, warum Sie mit Hilfe von ETFs für Ihre Altersvorsorge sparen sollten. Schließlich gibt es doch die gesetzliche Rentenversicherung, in die Sie jeden Monat einzahlen. Dies ist auf der einen Seite natürlich vollkommen richtig, auf der anderen Seite jedoch steht die gesetzliche Rentenversicherung vor einer enormen Herausforderung. Grund dafür ist der *demo-graphische Wandel.* Das deutsche Rentensystem basiert auf einem Generationenvertrag, das heißt, die aktuellen Arbeitnehmer zahlen in die gesetzliche Rentenversicherung ein und aus diesen Beiträgen werden dann die Renten der aktuellen Rentner bezahlt. Da jedoch die Geburtenzahl in Deutschland stetig sinkt, die Menschen aber gleichzeitig im Schnitt immer länger leben, entsteht ein Ungleichgewicht. Immer weniger Beitragszahler müssen immer mehr Rentner finanzieren, was neben der Anhebung des Rentenantrittsalters auch zu einem Absinken des Rentenniveaus führt.

Entgegen bekannter und anderslautender Slogans von Politikern ist die Rente also nicht unbedingt sicher. Somit ist es sinnvoll, eine private Altersvorsorge neben der gesetzlichen Rente aufzubauen. Dazu gibt es verschiedene Möglichkeiten, die bekannteste von ihnen ist wohl die Riester-Rente, benannt nach dem ehemaligen SPD-Arbeitsminister Walter Riester. Doch auch die Riester-Rente hat durchaus ihre Tücken. So lohnt sie sich vor allem für Menschen, die ohnehin schon wohlhabend sind und somit saftige Zuschüsse vom Staat erhalten oder für Menschen mit mehreren Kindern. Sollten diese Kriterien nicht auf Sie zutreffen, sollten Sie in Betracht ziehen, sich mit ETFs als Altersvorsorgemodell auseinanderzusetzen.

Der große Vorteil an einem ETF-Investment ist die Langfristigkeit, das heißt, Sie erwirtschaften über Jahre hinweg konstant eine gewisse Rendite. Am Ende Ihres Sparplans haben Sie dann im Idealfall die von Ihnen gewünschte Geldsumme erzielt. Je nachdem wieviel Kapital Sie für das Besparen der ETFs aufwenden und wie früh Sie mit dem Besparen anfangen (es gilt: je früher, desto besser), umso höher wird der Ertrag am Ende der Laufzeit sein. Außerdem kommt Ihnen die Solidität einer ETF-Anlage zu Gute. ETFs schwanken kaum und das Verlustrisiko ist vergleichsweise gering. Sie können also ziemlich sicher mit einem gewissen Betrag für Ihre Altersvorsorge planen. Als zusätzliche Ergänzung zur gesetzlichen Rente bieten Ihnen ETFs also große Vorteile und eignen sich ausgezeichnet zur zusätzlichen Altersvorsorge.

# 6. Risiken von ETF´s

ETFs haben viele Vorteile, wie wir eben gelernt haben. Doch kein Finanzprodukt ist gänzlich ohne Nachteile. Deshalb sollten Sie auch bei ETFs ganz genau hinschauen, bevor Sie sich für eine Investition entscheiden.

Ein mögliches Risiko entsteht durch die Swaps. In unserem Fall liegt das Risiko darin, dass der Anbieter des ETFs zum Beispiel mit einer Bank eine Swap-Vereinbarung eingeht. Der Anbieter muss sich darauf verlassen können, dass das Geldinstitut seinen Verpflichtungen auch nachkommt. Sollte die Bank pleitegehen, ist das Geld der Anleger, also Ihr investiertes Geld, verloren.

Allerdings hat die EU dieses Risiko bereits vor einiger Zeit erkannt und Gesetze verabschiedet, die das Risiko minimieren. Der Wert der Swaps darf nämlich nur maximal zehn Prozent des gesamten Fondsvermögens betragen. Auf diese Weise ist sichergestellt, dass der Fonds nicht zu abhängig von einem einzelnen Swap-Partner, also zum Beispiel einer Bank, wird. Selbst wenn das Geldinstitut aus unserem Beispiel in Konkurs gehen sollte, wäre die Existenz des ETFs dennoch gesichert, denn nur zehn Prozent seines Vermögens wurden durch die Bank garantiert. In den meisten Fällen achten die ETFs selbst darauf, dass der Wert der Swaps keinesfalls zehn Prozent des Vermögens übersteigt, meistens ist das Volumen kleiner.

Ein weiteres Problem kann die möglicherweise herrschende Intransparenz für die Gebühren der Swap ETFs sein. Die ETFs schließen Swaps mit dem Mutterkonzern ab, oft ohne das Wissen der Anleger. Eventuell zahlen Sie somit Gebühren, die Sie eigentlich gar nicht entrichten müssten. Diese Kritikpunkte sprechen nicht zwangsläufig gegen den Kauf von Swap-ETFs! Sie sind hypothetischer Natur, das bedeutet, es ist noch lange nicht gesagt, dass Sie sich wirklich mit diesen Risiken auseinandersetzen müssen. Sie sollten nur schon einmal davon gehört haben, damit Sie im Hinterkopf behalten: *Auch ETFs sind nicht vollkommen risikofrei.*

Im Vergleich zu aktiv gemanagten Fonds schneiden ETFs aber wirklich gut ab, das bestätigt auch die Verbraucherzentrale. Außerdem gelten die genannten Nachteile genauso für aktive Fonds. ETFs sind also tatsächlich eine gute Wahl, wenn Sie an der Börse investieren möchten, insbesondere für den Anfang.

# 7. Wie Sie erfolgreich an der Börse starten

„Ich kann zwar die Bahn der Gestirne auf Zentimeter und Sekunde berechnen, aber nicht, wohin eine verrückte Meute einen Börsenkurs treiben kann".
(Issac Newton)

## Startkapital

Ohne Geld können Sie logischerweise nicht in den Börsenhandel einsteigen. Die Summe an Geld, die Ihnen zu Beginn Ihrer Aktivitäten zur Verfügung steht, nennt man auch Startkapital. In jedem Fall sollte genügend Startkapital vorhanden sein, um sinnvolle Transaktionen an der Börse durchführen zu können. Wichtig ist, dass Sie niemals Ihr gesamtes Geld als Startkapital einsetzen. Schließlich brauchen Sie auch im Alltag zumindest ein bisschen Geld, um Lebensmittel einzukaufen, die Miete zu bezahlen oder mit Ihren Freunden und Freundinnen auszugehen.

Bilden Sie also zunächst ausreichend Rücklagen, bevor Sie mit dem Investieren beginnen. Je nachdem wieviel Geld Ihnen zur Verfügung steht, sollten Sie nicht mehr als die Hälfte Ihrer Rücklagen für den Börsenhandel verwenden. Sollten Sie unterwartet einmal mehr Geld übrighaben als geplant, so können Sie diesen Betrag natürlich auch vollständig investieren. Vorausgesetzt auf Ihrem Tagesgeldkonto liegen genügend Reserven.

Die Faustformel, die für Anleger jeden Alters gilt, ist: Setzen Sie niemals Geld an der Börse ein, das Sie in den nächsten fünf bis zehn Jahren sicher brauchen werden. Wenn Sie sich an diesen Grundsatz halten, können Sie ziemlich sicher sein, in der näheren Zukunft nicht in eine finanzielle Schieflage zu geraten. Und das muss auch jederzeit Ihr Ziel sein. Schließlich wollen Sie mit dem Börsenhandel ja Geld verdienen und nicht Ihr mühsam erspartes Kapital aufs Spiel setzen.

## Anlagestrategie: Diversifikation

Es gibt verschiedene Anlagestrategien, die man beim Investieren an der Börse verfolgen kann. Ich möchte Ihnen an dieser Stelle noch einmal ausdrücklich die Diversifikation ans Herz legen! Diversifikation bedeutet dabei nichts anderes als Streuung: Sie legen also nicht alle Eier in einen Korb, sondern verteilen sie auf verschiedene.

Gerade dafür sind ETFs bestens geeignet. Wir haben ja bereits gelernt, dass sie immer einen Index, das heißt mehrere Firmen, Unternehmen oder Märkte, abbilden. Dadurch minimieren Sie Ihr Risiko. Je breiter gestreut, desto weniger Gefahr eines Verlusts, so einfach ist die Faustformel. Wenn Sie sich also für ETFs entscheiden, dann wählen Sie am besten die Fonds mit der breitesten Streuung. Es sollten also möglichst viele Unternehmen oder Märkte in dem ETF abgebildet werden, bestenfalls sogar aus verschiedenen Branchen.

Daher ist auch eine Investition in ETFs, die den DAX nachbilden, nur bedingt zu empfehlen. Der DAX besteht nur aus 30 Konzernen, außerdem handelt es sich hauptsächlich um Konzerne aus dem Bankenwesen, der Auto-, der Chemie- und Energieindustrie. Eine Streuung ist also nicht wirklich gegeben, obwohl ein DAX-naher ETF immer noch diversifizierter und damit sicherer ist als eine Einzelaktie eines DAX-Konzerns. Zudem beinhaltet der DAX einige Sorgenkinder, wie etwa die Deutsche Bank oder die Commerzbank, die immer wieder für negative Schlagzeilen sorgen. Ebenso verhält es sich mit Volkswagen oder zuletzt der Aktie von Wirecard. Der DAX ist zwar der bekannteste Index Deutschlands, ist aber für Anleger dennoch mit Vorsicht zu genießen.

Ich möchte Ihnen, nachdem ich Ihnen im nächsten Kapitel unterschiedliche Varianten von ETFs vorstelle, acht konkrete Empfehlungen mit an die Hand geben. Die dort vorgestellten Produkte erfüllen das Kriterium der Diversifikation ausgesprochen gut und sind auch sonst als Investition bestens geeignet. Behalten Sie zunächst also immer im Hinterkopf, dass Sie sich möglichst breit aufstellen sollten. Wählen Sie ETFs, die möglichst breit gefächerte Indizes abbilden! Möglichst viele verschiedene Unternehmen, möglichst viele verschieden Branchen! Je diverser und je breiter Ihr Portfolio ist, desto besser!

### *Schritt 1: Die Wahl des richtigen Brokers*

Ein Broker führt in Ihrem Namen Transaktionen an der Börse durch, das heißt, er arbeitet mit Ihrem Geld. Daher sollten Sie unbedingt darauf achten, einen vertrauenswürdigen Broker auszuwählen, der mit seinen angebotenen Dienstleistungen und seiner Software optimal zu Ihren Vorstellungen und Bedürfnissen passt. Aufgrund der hohen Anzahl von Anbietern auf dem Markt sollten Sie vorsichtig sein und bei der Auswahl eines seriösen Brokers auf bestimmte Kriterien achten. Auf Internetbewertungen sollten Sie sich dabei besser nicht verlassen, denn diese sind oft sehr widersprüchlich. Manche Anbieter kaufen sich sogar falsche Bewertungen, um im Vergleich zur Konkurrenz besser dazustehen. So wie manche Profile auf sozialen Medien wie Facebook oder Instagram sich Zustimmung und Abonnenten erkaufen. Es gibt zum Glück eindeutige Merkmale, anhand derer Sie seriöse Broker erkennen können.

Ein seriöser Broker wird über die zuständigen Behörden der Finanzaufsicht reguliert. Diese Regulierung ist entscheidend für die Sicherheit Ihrer Einlagen. Falls der Broker pleitegehen sollte, ist Ihr Depot über die staatliche Einlagensicherung abgesichert. Sie verlieren also zumindest nicht Ihr Startkapital. Einem staatlich beaufsichtigten Broker können Sie problemlos vertrauen. Wenn Sie ausschließlich auf dem deutschen Finanzmarkt tätig werden wollen, können Sie sich bei der *Bundesanstalt für Finanzdienstleistungsaufsicht* (BaFin) über die Regulierung des Brokers erkundigen. Als besonders streng gilt die britische Aufsichtsbehörde FCA (kurz für *Financial Conduct Authority*), ein Broker mit einer Zertifizierung der FCA ist als besonders vertrauenswürdig anzusehen. Die FCA ist zuständig für Broker, die ihren Hauptsitz im Vereinigten Königreich haben, in aller Regel ist der Firmensitz in London, einem der größten und wichtigsten Finanzplätze der Welt.

Seriöse Broker legen von Anfang die Gebühren für ihre Arbeit offen. Gebührenfreie Anbieter gibt es nach aktuellem Stand (März 2021) nicht.

Sie sollten also skeptisch werden, wenn Ihr Broker Sie nicht über anfallende Kosten informiert. Achten Sie auch auf versteckte Kosten und Gebühren. Schauen Sie daher regelmäßig ins Preisverzeichnis und überprüfen Sie, ob die Kosten, die Ihr Broker Ihnen berechnet, angemessen sind. Seriöse Broker sollten beispielsweise keine Depotführungskosten von Ihnen verlangen.

Checkliste für die Wahl des richtigen Brokers:

- ❑ Ist er über die Finanzaufsicht reguliert?
- ❑ Hat er seinen Sitz in einem europäischen Staat?
- ❑ Informiert er transparent und ehrlich über anfallende Kosten?
- ❑ Sind die im Preisverzeichnis aufgeführten Kosten angemessen (unbedingt vergleichen!)?
- ❑ Erhebt er ausschließlich sinnvolle Kosten und Gebühren?
- ❑ Bietet der Broker die für mich passenden Produkte (ETFs) an?
- ❑ Ist der Service gut? Kann man die zuständige Firma bei Fragen schnell erreichen?

Wenn ein Broker all diese Voraussetzungen erfüllt, können Sie sich ziemlich sicher sein, einen seriösen und für Ihre Bedürfnisse passenden Anbieter gefunden zu haben.

## Wechsel des Brokers

Vielleicht stellt sich nach einiger Zeit heraus, dass Sie trotz gewissenhafter Prüfung obiger Kriterien den falschen Broker gewählt haben. Oder Sie haben den Fehler gemacht und bereits einen Broker ausgewählt, bevor Sie dieses Buch gelesen haben. Das ist ohne Zweifel ärgerlich, aber kein Grund zur Sorge. Ihre Entscheidung ist nicht in Stein gemeißelt. Mittlerweile ist es nämlich sogar relativ einfach, den Broker zu wechseln.

Im Normalfall bietet jeder Broker ein vorgefertigtes Formular an, mit dem der Wechsel innerhalb kurzer Zeit vollzogen werden kann. Es findet ein Depotübertrag statt, das bedeutet, dass Ihr Depot nicht aufgelöst, sondern direkt an den neuen Broker übertragen wird. Insbesondere beim Wechsel zu einem inländischen Broker tauchen dabei keinerlei Probleme auf. Wenn Sie also von einem Broker mit Sitz in Deutschland zu einem anderen Broker mit Sitz in Deutschland wechseln, kann Ihnen im Grunde nichts passieren.

Bei einem Wechsel zu einem ausländischen Broker müssen Sie ein wenig vorsichtiger sein. Dort kann es unter Umständen Schwierigkeiten bei der Übertragung des Depots geben, weil die Datenübermittlung im Gegensatz zu einem innerdeutschen Wechsel nicht automatisiert abläuft. Achten Sie also darauf, dass Sie gegebenenfalls einen Antrag stellen müssen.

### *Schritt 2: Einen Sparplan erstellen*

Schon bei einer monatlichen Sparsumme von 25 bis 50 Euro macht es Sinn, einen ETF auszuwählen und zu besparen. Welche ETS dafür am besten geeignet sind, möchte ich Ihnen im nächsten Kapitel detaillierter erklären. Wenn Sie mehr Startkapital zur Verfügung haben, können Sie Ihr Geld selbstredend auch in zwei ETF Sparpläne aufteilen. Dies sorgt für noch eine noch größere Diversifikation, also für ein noch geringeres Risiko. Allerdings ergibt das Aufteilen des Kapitals auf mehrere Sparpläne erst dann wirklich Sinn, wenn Sie stetig mehr Geld zur freien Verfügung haben, also etwa 100 Euro im Monat. Denken Sie daran, es sollte sich keinesfalls um Geld handeln, das Sie an anderer Stelle benötigen.

IHRE VORGEHENSWEISE BEI DER ERSTELLUNG EINES SPARPLANS:

- Arbeiten Sie zunächst einen Sparplan aus!
- Vertrauen Sie auf Ihr Investment!
- Lassen Sie sich durch kurzfristige Schwankungen nicht aus der Ruhe bringen!
- Besparen Sie den ETF über einen Zeitraum von zehn Jahren oder länger!
- Passen Sie Ihren Sparplan gegebenenfalls an, wenn sich die Rahmenbedingungen ändern sollten!

## INFO: COST AVERAGE EFFEKT

Der Cost Average Effekt, englisch für: *Durchschnittskosteneffekt*, bietet Ihnen die Möglichkeit, auch beim langfristigen Sparen von Kursschwankungen zu profitieren. Nicht immer lohnt es sich, auf diesen Effekt zu setzen, manchmal kann es aber gewinnbringend sein. Schauen wir uns zunächst einmal an, worum es sich beim Cost Average Effekt überhaupt handelt. Am besten betrachten wir uns zunächst ein Beispiel:

### Rechenbeispiel: Cost Average Effekt

Nehmen wir an, Sie investieren 100 Euro pro Monat in einen Sparplan. Der ETF, in den investiert wird, unterliegt gewissen Schwankungen, da auch der abgebildete Index schwankt. Nehmen wir an, der Ausgangswert des ETF liegt ebenfalls bei 100 Euro, das heißt, Sie bekommen genau einen Anteil für Ihre investierten 100 Euro. Nun steigt der Kurs im nächsten Monat auf 200 Euro an, was einer enormen Steigerung entspricht. Es ist nicht unbedingt zu erwarten, dass der Kurs derartig stark steigt, aber zur Veranschaulichung eignet sich dieses extreme Beispiel gut.

Sie bekommen also für Ihr Investment von 100 Euro bloß noch einen halben Anteil, da ein ganzer nun 200 Euro wert wäre. Stellen wir uns vor, dass der Wert des ETFs im Folgemonat stark sinkt, zunächst auf einen Wert von 100 Euro wie zu Beginn. Sie erhalten nun wieder einen ganzen Anteil. Dann, einen Monat darauf, fällt der Kurs weiter auf einen Wert von 50 Euro. Zu diesem Zeitpunkt würden Sie nun zwei Anteile für Ihre 100 Euro erhalten. Nach diesem Tiefpunkt steigt der Kurs wieder, der Ausgangswert von 100 Euro wird wieder erreicht. Sie erhalten einen Anteil.

Rechnen wir also für diese fünf Monate: (100+200+100+50+100) = 550 Euro. Sie haben nun **550** Euro zur Verfügung. Tatsächlich haben Sie in diesen fünf Monaten aber bloß 5*100 = **500** Euro investiert. Sie haben also, alleine durch den Cost Average Effekt, **50 Euro Gewinn** erzielt.

Dieses Beispiel verdeutlich, dass es Sinn macht, zum Durchschnittspreis zu kaufen, deshalb auch Durchschnittskosteneffekt. Außerdem zeigt Ihnen der Effekt noch einmal die Sinnhaftigkeit eines Sparplans. Wenn Sie das gesamte Geld auf einmal investieren, können Sie Pech haben und genau jenen Zeitpunkt erwischen, an dem Sie nur einen halben Anteil für Ihr Geld erwerben können. Auf längere Zeit gesehen profitieren Sie aber selbst von den Schwankungen. Deshalb erneut der Hinweis: Langfristig investieren lohnt sich!

An dieser Stelle habe ich noch einen Tipp für Sie: Wählen Sie, wenn möglich, einen kostenlosen Anbieter für monatliches Sparen. Manche Anbieter verlangen Gebühren dafür, dann wird der schöne Gewinn durch den Durchschnittskosteneffekt von den Gebühren wieder aufgefressen. Informieren Sie sich also über die Kosten der Anbieter. Bei monatlichem Sparen sollten die Gebühren zudem keinesfalls höher sein als bei einer einmaligen Anlage. Denn gerade das monatliche Sparen lohnt sich für Sie zu Beginn.

Die Vorteile des ETF-Sparplans auf den Punkt gebracht:

- *Automatisierter Ablauf.* Sie brauchen sich nicht ständig Gedanken zu machen, wann Sie am besten handeln sollen, um den Verlauf des Marktes exakt zu nutzen. Ist der Sparplan einmal aufgestellt, läuft alles wie von selbst.

- *Niedrige Investitionssumme.* Sie benötigen kein Vermögen, um mit dem Besparen anzufangen. Schon ab 25 Euro können Sie loslegen, perfekt für Einsteiger geeignet.

- *Kostet kein Geld.* Mit einem kostenlosen Sparplan sparen Sie Geld. Wenn Sie ETFs kaufen, fallen normalerweise Transaktionskosten an. Diese fallen bei kostenlosen Sparplan-Angeboten weg.

- *Kostet keine Nerven.* Es ist unfassbar anstrengend, sich ständig mit den eigenen Investitionen auseinandersetzen zu müssen. Sparen Sie sich die Nerven.

- *Kontinuierlich.* Ist der Sparplan erst einmal aufgestellt, läuft er kontinuierlich. Sie erleben keine bösen Überraschungen.

- *Langfristig.* Langfristigkeit lohnt sich im Falle von ETFs. Beginnen Sie frühzeitig mit dem Investieren und Sie werden nach zehn oder mehr Jahren sehen, dass Sie damals ein gutes Geschäft gemacht haben und es sich gelohnt hat, nicht zu lange zu warten.

- *Flexibel.* Sparpläne sind flexibel. Sie können sie gegebenenfalls abändern oder veränderten Bedingungen anpassen, beispielsweise wenn Sie Rebalancing betreiben möchten (siehe Erklärungen zu Rebalancing).

*Schritt 3: Ab an die Börse*

Ihr Geld an der Börse anzulegen ist ein entscheidender Schritt, um Ihren Vermögensaufbau selbst in die Hand zu nehmen. Nun möchten Sie zunächst sicherlich erfahren, welche konkreten Aktionen Sie vollziehen müssen, um voll in den Börsenhandel einzusteigen. Zunächst sind dafür bloß drei relativ simple Schritte notwendig:

- **Schritt 1**: Ein Wertpapierdepot anlegen. Ein Wertpapierdepot ist eine Art Konto, auf welches Sie eingekaufte Wertpapiere einzahlen können (siehe Begriffserklärungen). Sie können derartige Konten bei Ihrer Hausbank eröffnen, jedoch verlangen herkömmliche Banken oft relativ hohe Gebühren für Wertpapiergeschäfte. Daher ist es ratsam, ein Depot bei einem Online-Broker zu eröffnen. Die Kriterien zur Auswahl des geeigneten Brokers habe ich Ihnen ja bereits aufgezeigt.

- **Schritt 2**: Das Depot eröffnen. Wenn Sie das Depot angelegt haben, ist die Eröffnung nicht mehr schwer. Wenn Sie Ihr Konto doch bei einer Bank angelegt haben, dann läuft der Prozess wie bei einer Kontoeröffnung für ein Girokonto. Entweder Sie erledigen dies direkt vor Ort bei einem Kundenberater oder Sie schicken die Unterlagen postalisch an die Zentrale der jeweiligen Bank. Dazu gehen Sie am besten direkt zu einer Postfiliale und lassen das *Post-Ident-Verfahren* durchführen. Sie zeigen Ihren Personalausweis vor und lassen sich so von der Post Ihre Identität bestätigen. Diese Identifizierung ist notwendig, damit niemand einfach in Ihrem Namen und ohne Ihr Wissen Konten eröffnen kann. Bei den Online-Brokern können Sie das Konto meist direkt online anlegen und auch dort eröffnen.

- **Schritt 3**: Abgabe von Ordern. Order ist die englische Bezeichnung für *Bestellung*. In unserem Fall können wir Order jedoch besser mit *Auftrag* übersetzen. Eine Order ist also ein Auftrag zum Kauf oder

Verkauf von Wertpapieren. Ordern einzustellen ist bei den meisten Online-Brokern sehr unkompliziert. Sie können dort zum Beispiel nach bestimmten Aktien oder Fonds suchen und diese aktiv kaufen. Für Daytrader empfiehlt es sich, automatische Ordern einzuprogrammieren, da sie keine Wertpapiere kaufen, sondern auf deren Kurse spekulieren. Dabei gibt es zunächst zwei verschiedene Arten von Ordern:

- Kaufordern:
  - *Billigst-Order*: Für einen Kauf soll der billigstmögliche Verkaufsauftrag gesucht werden. Wir kaufen also immer zum niedrigsten Preis.
  - *Limitierte Kauforder*: Hierbei wird ein Limit gesetzt. Gekauft wird nur bis zu diesem Limit, also einer Art Preisobergrenze.
  - *Stop Buy Order*: Wenn Sie eine Stop Buy Order einpro-grammieren, werden die Kaufaufträge automatisch gestoppt, sobald Ihr Preislimit erreicht ist.

- Verkaufsordern:
  - *Bestens-Order*: Dies ist das Pendant zur Billigst-Order. Sie verkaufen immer meistbietend, also zum höchsten Preis, der Ihnen geboten wird.
  - *Limitierte Verkaufsorder*: Sie setzen einen Preis fest, der durch den Verkauf Ihrer Position mindestens erzielt werden soll, also eine Preisuntergrenze.
  - *Stop Loss Order*: Wenn ein bestimmter Kurs unterschritten wird, soll die Position verkauft werden, Sie stoppen also Ihren Verlust.

# 8. Wie wählt man die richtigen ETFs aus?

„Als ich klein war, glaubte ich, Geld sei das Wichtigste im Leben. Heute, da ich alt bin, weiss ich: Es stimmt".
(Oscar Wilde)

Diese Frage kann getrost als die Gretchenfrage dieses Buches bezeichnet werden. Schließlich entscheidet die Auswahl der ETFs für Ihr Portfolio darüber, ob Sie schlussendlich Gewinne erzielen oder Verluste erleiden. ETFs gibt es natürlich in großer Zahl, deshalb ist es sinnvoll, sich der Auswahl der für Sie passenden Produkte Schritt für Schritt zu nähern.

# Anlagestrategien

## Portfolio-Strategien

Im Folgenden möchte ich Ihnen einige Anlagestrategien vorstellen, die Sie für den Aufbau eines ETF-Portfolios anwenden können. Wenn Sie im Internet recherchieren, werden Sie eine Vielzahl von möglichen Strategien finden, die von verschiedensten Seiten empfohlen werden. Ich konzentriere mich aber in diesem Kapitel auf die drei gängigsten und zumindest eingeschränkt empfehlenswerten Strategien. Die Erfahrung zeigt, dass die kompliziertesten Strategien nicht immer die besten oder die gewinnbringendsten sind.

Insgesamt stehen Ihnen drei Varianten zur Verfügung, die sich vor allen Dingen in ihrer Ausrichtung unterscheiden, also ob sie aktiv oder passiv betrieben werden. Je nachdem, welche Charaktereigenschaften und Vorlieben Sie persönlich haben, können Sie die passende Strategie auswählen. Aktives Investment ist dabei grundsätzlich risikoreicher, bietet Ihnen aber den Vorteil der erhöhten Flexibilität, wohingegen passives Investment sicherer ist, im Gegenzug aber mehr Geduld erfordert. Wenn Sie einmal eine Strategie ausgewählt haben, bleiben Sie dabei! Gerade am Anfang, wenn Sie mit der Materie noch nicht vollständig vertraut sind, sollten Sie sich nicht zu viel auf einmal aufbürden. Wählen Sie die für Sie passende Strategie und bleiben Sie ihr vorerst treu.

## Core - Satellite als Portfolio-Strategie

Bei dieser Anlagestrategie bauen Sie Ihr Portfolio auf zwei Säulen auf. Die erste Säule ist der Core (Deutsch: Kern), die zweiten Säule wird durch die Satellites (Deutsch: Satelliten) gebildet. Was bedeuten diese Begriffe? Der Core ist der Hauptteil Ihrer Investition, er ist der Kern, also quasi das Herzstück Ihrer Anlagestrategie. Für den Core sollten Sie sichere und langfristig angelegte Wertpapiere kaufen. Alleine mit dem Core werden Sie nicht reich, er garantiert Ihnen aber sozusagen eine gewisse Grundrendite in Ihrem Portfolio. Zusätzlich kommen nun die Satellites hinzu, dies sind viele kleine Einzelpositionen, die nicht unbedingt im Zusammenhang mit dem Core stehen müssen und auch untereinander nicht zwangsweise zusammenhängen. Diese kleinen Einzelinvestitionen sind risikoreicher als die Positionen im Core, versprechen aber höhere und/ oder schnellere Renditen.

Diese Strategie lässt sich mit ETFs sehr gut umsetzen. Für den Core benötigen Sie tatsächlich nur wenige ETFs, diese sollten aber diversifiziert, also breit gestreut sein. Zum Beispiel sind nachhaltige ETFs, auf die wir später noch einmal zu sprechen kommen, eine gute Investition für den Core. Wenden Sie für den Core die Buy and Hold Strategie an (diese werde ich Ihnen in Kürze näherbringen). Die Satellites erfordern hingegen mehr Aufmerksamkeit. Bei ihnen sollten Sie verfolgen, wie sich die Positionen entwickeln und auch kurzfristiges Handeln (kaufen oder verkaufen) in Betracht ziehen. Wählen Sie daher die Satellites nach einer gewissen Systematik aus und achten Sie darauf, dass Sie jederzeit den Überblick über Ihr Portfolio behalten können. Wenn Sie also gerne taktisch agieren möchten und sich nicht sicher sind, ob Sie für ein rein passives Investment die nötige Geduld haben, fahren Sie mit dieser Strategie bestens.

## Trendfolgestrategie

Eine durchaus auch für kleinere Anleger und Einsteiger bewährte Methode ist die sogenannte Trendfolgestrategie. Die Idee hinter dieser Strategie ist dabei recht simpel. Der Kursverlauf folgt stets bestimmten Trends und dies über einen bestimmten Zeitraum hinweg. Dabei kann es sich sowohl um einen Aufwärts- oder Abwärts-, aber auch um einen Seitwärtstrend handeln. Die entsprechende Strategie lautet nun, diese Trends zu erkennen und darauf reagierend eine Position zu eröffnen. Sobald der Trend nicht mehr besteht, soll die Position wieder geschlossen werden. Dabei erfolgt die Schließung meist automatisiert per Stop Loss Order. Sie stellen also in ihrem Online Trading Tool ein, ab welchem Verlustlevel Sie automatisch aussteigen wollen.

Nehmen wir an, Sie haben auf den Kurs der Aktie der Modern Media AG spekuliert. Diese Firma beschäftigt sich in erster Linie mit der Vermarktung neuer Medienkonzepte, ist also Teil eines durchaus aufstrebenden und gewinnversprechenden Marktes. Sie erkennen einen Aufwärtstrend im Kursverlauf. Doch auch neue Märkte sind irgendwann übersättigt, und der über einen längeren Zeitraum hin andauernde Trend nach oben ebbt ab. Sie haben bisher 200 Euro durch die Investition verdient, nun kehrt sich der Trend um und Sie beginnen, von diesen 200 Euro wieder etwas zu verlieren. Wenn Sie einen automatischen Stop Loss im Broker programmiert haben, beispielsweise bei einem Viertel des Kursgewinns, wird Ihr Trade bei einem Guthaben von 150 Euro automatisch gestoppt und der erzielte Gewinn in dieser Höhe wird Ihnen ausbezahlt.

Wichtig ist dabei zu beachten, dass ein Trend grundsätzlich aus zwei Phasen besteht. Erstens der Kursbewegung in Richtung des Trends und zweitens der Korrektur des Kurses. Dabei läuft der Kurs kurzfristig in die entgegengesetzte Richtung, das bedeutet für Sie als Anleger, dass Sie einen kurzfristigen Verlust erleiden. Dennoch bleibt der Trend stabil. Korrekturen des Kurses sind normal, selten haben wir es an der Börse mit einem Kursverlauf zu tun, der ständig nur nach oben steigt. Viele Anleger machen bei Kursschwankungen nach unten den Fehler, ihrer Position zu früh zu misstrauen und diese in der Folge abzustoßen, obwohl sie noch immer dem Trend folgt und damit auch perspektivisch noch profitabel für sie sein wird.

Wie bereits erwähnt, empfehle ich Ihnen zuallererst die Diversifikation. Auf diese Weise schützen Sie sich vor Totalverlusten und vor unnötigem Risiko. Es gibt allerdings noch weitere Aspekte, die Sie bei der Wahl der Strategie beachten müssen. Wenn Sie die Strategie des geringen Risikos gehen, sollten Sie sich umso besser über die ETFs informieren, in die Sie investieren möchten, um keine bösen Überraschungen zu erleben. Die Trendfolgestrategie ist dabei teilweise durchaus knifflig. Einerseits braucht es ein gewisses Maß an Erfahrung, um die Trends an der Börse begründet einschätzen zu können, andererseits würde ich Ihnen, besonders zu Beginn Ihrer Investitionstätigkeit, von einem Timing Ihres Markteinstiegs abraten. Diese Methode ist höchst umstritten und wird vor allem von Tradern und Spekulanten angewandt. Bleiben Sie lieber auf der sicheren Seite und zwar mit der nächsten Strategie:

## Buy and hold

Wie der Name schon sagt (Deutsch: kaufen und halten), handelt es sich bei dieser Strategie um eine langfristige. Sie nehmen eine Summe in die Hand und kaufen damit ETFs, Sie stellen also ein Portfolio zusammen. Haben Sie dies einmal getan, bleiben Sie Ihrem Portfolio treu und nehmen höchstens noch kleinere Änderungen vor, falls sich eine Position zum Beispiel als besonders verlustreich erweisen sollte. Ab einer gewissen Gewinnsumme können Sie sich überlegen, ob Sie diese teilweise reinvestieren möchten, ob Sie also ein zweites Depot eröffnen wollen. Der eindeutige Vorteil dieser Strategie ist: Sie profitieren vom Zinseszinseffekt.

### Rechenbeispiel: Zinseszinseffekt

Nehmen wir an, Sie investieren 500 Euro in einen ETF und erhalten darauf fünf Prozent Zinsen, haben also im Folgejahr bereits 525 Euro auf Ihrem Anlagedepot, ohne etwas dafür getan zu haben. Auf diese Summe erhalten Sie nun abermals fünf Prozent Zinsen, das bedeutet, im nächsten Jahr sind es bereits 551,25 Euro und so weiter. Nun mögen diese Summen nicht besonders hoch erscheinen, aber bedenken Sie, dass sich dieser Effekt immer weiter fortsetzt, so dass die Summen irgendwann durchaus eine beachtliche Höhe erreichen. Außerdem müssen Sie für dieses Geld nicht arbeiten, es vermehrt sich quasi von alleine. In zehn Jahren wird Ihr Anlagekapital, nur durch das Prinzip von Zins und Zinseszins, von 500 Euro auf 823,50 Euro angewachsen sein, ohne dass Sie dafür etwas tun oder Zeit hätten investieren müssen. Über Anlagen an der Börse können Sie sich also die Zinsen und Zinseszinsen verdienen, welche die EZB Ihnen im Moment verwehrt.

In zehn Jahren haben Sie also 323,50 Euro nur an den Zinsen verdient. Wenn Sie fünf Jahre später mit dem Investieren anfangen, das heißt anstelle eines Zeitraums von zehn Jahren, nur über einen Zeitraum von fünf Jahren Zinsen erhalten, stehen am Ende bloß 641,68 Euro unter dem Strich. Sie haben also statt 323,50 Euro lediglich 141,68 Euro verdient, weniger als die Hälfte. Darum lohnt es sich, möglichst frühzeitig mit dem Investieren zu beginnen. Zinsen bedeuten immer exponentielles Wachstum, das heißt konkret, dass die Kurve mit der Zeit immer steiler ansteigt.

Der einzige Nachteil dieser Methode ist, dass Sie in Ihrer Flexibilität eingeschränkt sind. Auch wenn der Kurs Ihres Portfolios sinkt, sollten Sie laut der Buy and Hold Strategie keine Positionen verkaufen. Wenn Sie allerdings die Disziplin und das Durchhaltevermögen aufbringen können, um diese Strategie durchzuziehen und zwischenzeitlich nicht die Nerven verlieren, ist diese Anlagestrategie für Sie bestens geeignet.

Alles in allem würde ich Ihnen die Buy and Hold Strategie nicht nur zum Einstieg empfehlen. Die Wahrscheinlichkeit ist auf Ihrer Seite, denn erfahrungsgemäß steigt der Wert von Aktien und ETFs im Laufe der Zeit, selbst wenn es zwischenzeitlich Kursverluste zu verzeichnen gibt. Auf lange Sicht gewinnen Sie also mit Ihrer Anlage, weshalb ich Ihnen ans Herz lege, durchzuhalten und die Buy and Hold Strategie anzuwenden. Ihre Geduld rentiert sich langfristig sehr wahrscheinlich!

## Kombination aus verschiedenen Strategien

*Tabelle 3 Kombination aus verschiedenen Strategien*

| Kriterien | Buy and Hold | Core – Satellite | Trend-folge | Aktive Modelle |
|---|---|---|---|---|
| Einmaliger Aufwand | gering | hoch | hoch | sehr hoch |
| Laufender Aufwand | gering | mittel | hoch | hoch |
| Umschlags-häufigkeit | gering | mittel | mittel | hoch |
| Marktbe-obachtung | gering | erforderlich | nicht erforderlich | erforderlich |
| Haltedauer | langfristig | mittel | mittel bis lang | mittel bis lang |
| Anpassung ans Risiko-profil | einfach | einfach | Ex - Post | aufwändig |

| | | | | |
|---|---|---|---|---|
| Analyse der Performance | einfach | aufwändig | aufwändig | aufwändig |
| Sparplan-fähigkeit | geeignet | gering | gering | gering |

Alleine mit Hilfe dieser Übersicht können Sie erkennen, dass die Buy and Hold Strategie am unkompliziertesten und zudem mit dem geringsten Risiko behaftet ist. Dennoch steht es Ihnen natürlich frei, sich für eine andere Strategie zu entscheiden. Ich wünsche Ihnen auf alle Fälle ein gutes Händchen bei der Auswahl Ihrer Strategie, denn sie wird für den Erfolg Ihrer Investition ausschlaggebend sein.

## FONDSVOLUMEN

Beim Fondsvolumen geht es weniger um Ihr persönliches Volumen, also die Kapitalmenge, die Sie anlegen möchten, als um das Gesamtvolumen, also die Gesamtgröße des Fonds. Stellen Sie sich den Fonds als einen leeren Pool vor. Mit jedem Anleger, der in den ETF investiert, wird ein Liter Wasser in das Becken gegossen. Je höher der Wasserstand im Becken, desto besser können Sie darin schwimmen. Und so überrascht auch die empirische Erkenntnis nicht, dass sich kleinere ETFs mit geringerem Fondsvolumen für Anleger weniger rentieren als große.

Der Größenvorteil macht sich insbesondere bei den Kosten bemerkbar. Die Gebühren, die Sie als Anleger zahlen müssen, sind bei großen Fonds geringer, da diese die Möglichkeit haben, ihre laufenden Kosten auf wesentlich mehr Anleger aufzuteilen. Je mehr Schultern eine Last tragen, desto geringer ist die Belastung für jeden Einzelnen. Auch sind große ETFs krisenresistenter, da mehr Volumen auch mehr Eigenkapital für den Fonds bedeutet. Oder, um nochmal auf den bereits verwendeten Vergleich zurückzukommen: Wenn die Sonne auf Ihren Pool knallt, verdunstet stets ein bisschen Wasser. Je mehr Wasser im Becken ist, desto weniger Auswirkungen hat es, wenn etwas davon schwindet. Umgelegt auf ETFs ist es bei großvolumigen nicht so schlimm, wenn Anleger aus dem Fonds aussteigen.

In folgender Tabelle finden Sie die zehn größten, volumenreichsten ETFs:

*Tabelle 4 Die zehn volumenreichsten ETFs*

| Fondsname | Fondsgrösse in Mio. EUR | Laufende Kosten (TER) | Rendite 1 Jahr |
|---|---|---|---|
| iShares Core S&P 500 UCITS ETF | 35.484 | 0,07% p.a. | 8,41% |
| iShares Core MSCI World UCITS ETF USD | 25.531 | 0,20% p.a. | 7,50% |
| Vanguard S&P 500 UCITS ETF | 23.241 | 0,07% p.a. | 8,43% |
| iShares Core MSCI Emerging Markets IMI UCITS ETF | 16.054 | 0,18% p.a. | 19,73% |
| iShares Physical Gold ETC | 11.807 | 0,15% p.a. | 6,73% |
| Invesco Physical Gold A | 11.768 | 0,15% p.a. | 6,27% |
| Xetra-Gold | 10.733 | 0,00% p.a. | 6,72% |

| | | | |
|---|---|---|---|
| iShares Core S&P 500 UCITS ETF USD | 10.199 | 0,07% p.a. | 8,49% |
| iShares Core FTSE 100 UCITS ETF | 10.052 | 0,07% p.a. | -12,30% |
| iShares Core Euro Corporate Bond UCITS ETF | 9.813 | 0,20% p.a. | 1,55% |

*Quelle: justETF Research; Stand: 08.02.21; https://www.justetf.com/de/news/etf/etfs-und-fondsvolumen.html*

Natürlich gibt es auch bei großen ETFs Ausreißer, so sehen Sie beispielsweise auf Platz neun eine eindeutig negative Rendite. Alle anderen ETFs zeichnen sich aber durch ein sehr gutes Verhältnis von Kosten und Rendite aus, sind also relativ günstig und werfen im Durchschnitt einen ansehnlichen Gewinn ab. Setzen Sie also tendenziell immer eher auf ETFs mit einem hohen Volumen.

## Fondsalter

Je älter ein ETF ist, desto etablierter ist seine Position am Markt. Die Anleger kennen ihn und vertrauen ihm, was für Sie ebenfalls ein Vorteil ist. In der Regel halten sich Indexfonds, die kaum oder sogar negative Rendite abwerfen, nicht lange auf dem Markt, genau wie sich physische Waren nicht auf dem Markt etablieren können, wenn sie von schlechter Qualität und/oder kurzer Lebensdauer sind. Nicht nur das Volumen ist also entscheidend, sondern auch das Alter des Fonds. Sie sollten daher auf die Mammuts der Branche setzen – möglichst groß und möglichst alt.

# Laufende Kosten

Einen vollkommen kostenfreien ETF werden Sie sehr wahrscheinlich nicht finden und müssen daher immer mit einigen Kosten rechnen. Allerdings sollte es Ihr Ziel sein, diese Kosten so gering wie möglich zu halten. Der entsprechende Maßstab dafür ist die Gesamtkostenquote.

### *Gesamtkostenquote (TER)*

Ein weiterer Faktor, den Sie bei Ihrer Auswahl des richtigen ETFs beachten sollten, ist die Gesamtkostenquote. Diese wird oft auch mit dem englischen Begriff *Total Expense Ratio* (kurz: TER) bezeichnet. Die TER beschreibt die Höhe der Verwaltungsgebühren und sonstigen Kosten eines ETFs, meistens in einer Prozentzahl. Wenn Sie sich also einen ETF anschauen und die TER wird mit 0,50 Prozent angegeben, bedeutet dies, dass für ein Investment in Höhe von 100 Euro Gebühren von 50 Cent anfallen. Bei einem Investment von 500 Euro wären es dementsprechend 2,50 Euro. Die Prozentzahl bezieht sich immer auf die Summe des getätigten Investments.

Normalerweise gibt es keine großen Unterschiede zwischen den gängigen ETFs, was die TER anbelangt. Sie liegt in der Regel etwa zwischen 0,15 und 0,5 Prozent. Trotzdem sollten Sie bei der Auswahl Ihres ETFs auf die TER achten, denn warum sollten Sie mehr Geld ausgeben als unbedingt nötig, selbst wenn es sich nur um Centbeträge handelt. Je nach Inhalt des ETFs, also je nachdem, welcher Index durch ihn abgebildet wird, kann die TER auch variieren. Informieren Sie sich über die üblichen Gebühren und vergleichen die Anbieter. Je mehr Geld Sie investieren möchten, desto interessanter ist die TER für die Zusammenstellung Ihres Portfolios.

# Tracking-Qualität

Ein wichtigstes Merkmal für die Güte eines ETFs ist seine Tracking-Qualität und dabei insbesondere die sogenannte Tracking Differenz.

*Tracking Differenz*

Die Tracking Differenz wird auch als Abbildungsdifferenz bezeichnet. Sie beschreibt die Differenz zwischen dem Ertrag des ETFs und dem Ertrag des Indizes, den der ETF abbildet. Wir haben ja bereits gelernt, dass es das Ziel des passiven Managements ist, den Index möglichst maßgetreu abzubilden. Durch die TER, also die Verwaltungsgebühren, die den Anlegern abgezogen werden, ist der Ertrag aus dem ETF aber nie exakt so hoch wie der Ertrag des Index.

Eine große Tracking Differenz spricht also gegen einen ETF, sie bedeutet nichts anderes, als dass eine größere Summe Geld von Ihrem tatsächlichen Ertrag abgezogen wird. Eine niedrige Tracking Differenz ist positiv zu beurteilen, da sie geringe Abzugskosten bedeutet und den Index relativ gut abbildet. Informieren Sie sich also über die Tracking Differenz, bevor Sie sich für einen ETF entscheiden. Im Idealfall hat der ETF eine negative Tracking Differenz, das bedeutet, dass er sich besser entwickelt hat, als der ursprüngliche Index. Trotz TER ist er also rentabler als das Original, um es etwas vereinfacht auszudrücken. Sollten Sie einen solchen ETF finden, sollten Sie auf alle Fälle eine Investition in Erwägung ziehen.

# Wertentwicklung

Die Wertentwicklung liefert Ihnen eine wichtige Aussage darüber, ob und wie sich Ihr Portfolio weiterentwickelt. Wenn Sie sich für Profisport interessieren, kennen Sie wahrscheinlich die Marktwerte von Spielern.

Wenn ein Fußballspieler im Jahr 2018 fünf Millionen Euro wert ist und im Jahr 2020 bereits 15 Millionen, scheint es sich um einen Spieler zu handeln, der sich stetig verbessert hat. Wenn Sie auf der anderen Seite einen Fußballer haben, der 2018 30 Millionen Marktwert verzeichnet hat und nun bloß noch 15 Millionen wert ist, befindet er sich auf einem absteigenden Ast. Beide Spieler sind also 15 Millionen Euro wert, aber es ist in diesem Fall ziemlich deutlich, welchen Spieler Sie als Verein bevorzugt unter Vertrag nehmen sollten.

Behalten Sie daher stets die Wertentwicklung Ihres Portfolios im Auge. Sie können sich über Ihren Broker verschiedene Tabellen und Charts anzeigen lassen, anhand derer Sie die Performance eines ETFs über einen längeren Zeitraum hinweg visualisieren können. Dabei können Sie den Zeithorizont, den Sie betrachten möchten, individuell einstellen. Da Sie am besten auf alte, etablierte Fonds setzen, sollten Sie einen Zeitraum von mindestens zwei, besser fünf oder sogar zehn Jahren wählen, um sich einen wirklich aussagekräftigen Gesamtüberblick verschaffen zu können.

## Börsen-Liquidität

ETFs werden massenhaft an der Börse gehandelt, in der heutigen Zeit des Hochfrequenzhandels kommt es sogar vor, dass ETFs innerhalb von Sekundenbruchteilen den Besitzer wechseln. Dies muss Sie als Anleger allerdings nicht beeinflussen. Im Gegenteil: Je mehr Ordern (also Aufträge zum Kauf oder Verkauf) bei einem Fonds eingehen, desto mehr Volumen wird geschaffen. Über die positiven Auswirkungen eines hohen Fondsvolumens haben wir ja bereits gesprochen. Eine hohe Liquidität ist also von Vorteil; denken Sie nur an das Pool-Beispiel, das in diesem Fall so gut passt wie kein anderes, schließlich bedeutet liquide schlicht und ergreifend: flüssig.

Auch hier sind Sie bei den großen und etablierten Fonds in aller Regel am besten aufgehoben. Diese bieten die niedrigsten Spannweiten zwischen dem Kaufs- und dem Verkaufspreis. Bei den meisten großen Fonds beträgt diese Spanne (englisch: *Spread*) unter 0,10 Prozent. Wenn Sie noch recht neue oder kleine, unbekannte ETFs besparen möchten, ist dies ebenfalls möglich, hier müssen Sie jedoch zum Teil mit deutlich höheren Kosten rechnen, die teilweise bis zu ein Prozent Ihres Gewinns betragen. Ein Prozent klingt zunächst nicht viel, doch je höher die Summen, mit denen Sie handeln möchten, desto höher ist auch Ihr Verlustbetrag. Grundsätzlich gilt: Auch wenn die Kosten eines ETFs nicht hoch sind, sollten Sie im Zweifel trotzdem immer die Variante wählen, bei der die Kosten noch geringer sind. Schließlich ist jeder Cent, den Sie ohne Grund ausgeben müssen oder verlieren, einer zu viel.

### *Liquidität einschätzen*

Wie können Sie also die Liquidität Ihres Fonds einschätzen? Wir haben ja bereits gelernt, dass ETFs immer einen speziellen Markt abbilden. Die Kurse der Fonds sind also keine Hirngespinste, sondern richten sich nach einem konkreten Markt. Verfolgen Sie den Markt oder die Märkte, die in Ihrem ETF-Portfolio abgedeckt sind. Liquide Märkte, das heißt Märkte, auf denen Volumen vorhanden ist, sind dementsprechend eindeutige Indikatoren für liquide ETFs. Außerdem gibt es sogar offizielle Daten, welche die Liquidität von einzelnen Produkten ausweisen. Die Deutsche Börse errechnet jeden Monat das sogenannte Liquiditätsmaß XLM (*Xetra Liquidity Measure*) für sämtliche ETFs, die an der Spezialbörse Xetra in Frankfurt gelistet sind. Diese statistische Auswertung können Sie auf der Webseite der Deutschen Börse einsehen. Informieren Sie sich also auf diesem Wege.

# Steuerstatus

Steuern müssen Sie nicht nur auf Ihr Einkommen aus Erwerbsarbeit zahlen, sondern auch auf Gewinne, die Sie durch Kapitalerträge erzielen.

### *Teilfreistellung*

Seit 2018 ist die Differenz bei der Besteuerung unterschiedlicher ETFs aufgehoben. Alle Fonds werden also grundsätzlich nach dem gleichen Prinzip besteuert. Trotzdem sollten Sie beim Kauf von ETFs auf die Besteuerung achten. Im weiteren Verlauf des Buches werde ich der Frage nach der Besteuerung noch ein eigenes Unterkapitel widmen.

Achten Sie vor allem auf die steuerliche Klassifizierung des ETFs nach dem sogenannten Investmentsteuergesetz, eben jenem neuen Gesetz von 2018. Die Klassifizierung erfolgt aufgrund des Anteils von Aktien an Ihrem ETF, dabei gilt: je mehr Aktien, desto besser. Wenn Sie eine Aktienquote von mindestens 51 Prozent in Ihrem Fonds haben, gilt dieser als Aktienfonds, und für solche gewährt das Finanzamt Teilfreistellungen. Sie müssen also nicht die gesamten Erträge aus Ihrem Investment versteuern, sondern nur einen Teil. Auch für Mischfonds mit einer Aktienquote von mindestens 25 Prozent gibt es eine ähnliche Regelung.

Doch auch hier ist Aktie nicht gleich Aktie. Wenn Sie Aktien von besonders exotischen Börsen und kleinen Nischenmärkten in Ihrem Portfolio haben, sind diese möglicherweise nicht anrechenbar. Auch hier gilt es also wieder, die Mammuts auf dem Markt ausfindig zu machen. Ebenso können synthetische Abbildungen des Fonds Ihnen den Steuervorteil nehmen, bei physisch replizierenden Fonds sind Sie also diesbezüglich auf der sichereren Seite. Informieren Sie sich im Vorfeld über den Steuerstatus der von Ihnen ausgesuchten ETFs, schließlich kann dieser Steuervorteil Ihre Rendite deutlich erhöhen. Suchen Sie im besten Fall einen Steuerberater auf, dieser kann Ihnen *en detail* erklären, wie Sie sich den

Steuerbonus für Ihr Investment sichern und somit empfindliche Kosten einsparen.

## Fondsdomizil

Wenn Sie in Deutschland oder einem anderen europäischen Staat leben, sind für Sie insbesondere die Fonds interessant, die auch in Europa aufgelegt wurden. Sie erkennen europäische ETFs an dem Kürzel UCITS im Namen. Es gibt dabei deutsche, französische aber vor allem irische und luxemburgische Fonds. Dies liegt vor allem daran, dass die steuerlichen Rahmenbedingungen innerhalb der EU in den letzteren beiden Staaten am günstigsten für die Betreiber der Fonds sind. Selbstverständlich finden sich auch US-amerikanische oder kanadische Fonds, jedoch gibt es hierbei rechtliche Hindernisse, die einen Handel dieser ETFs aus Europa heraus erschweren. Daher bieten die meisten europäischen Broker erst gar keine amerikanischen Fonds an. Amerikanische ETFs haben kein UCITS im Namen, die Wertpapiernummer beginnt oftmals mit US oder CA. Ähnliche Probleme gibt es mit schweizerischen ETFs. Obwohl die Schweiz mitten in Europa liegt und sogar an Deutschland grenzt, ist die kleine Alpenrepublik nicht in der EU, was die rechtlichen Hürden für den Handel aus dem EU-Gebiet heraus erhöht.

## Ertragsverwendung

Es gibt zwei unterschiedliche Varianten, wie Ihre Gewinne aus der Investition in ETFs verwaltet werden können. Man unterscheidet zwischen thesaurierenden und ausschüttenden ETFs. Beide Varianten bieten Vor- und Nachteile, Sie sollten sich im besten Fall für eine der beiden Varianten entscheiden, bevor Sie mit Ihrer Investition beginnen. Schließlich kann die Entscheidung für eine der beiden Varianten bereits ein Kriterium sein, einen bestimmten ETF zu kaufen oder auch nicht.

### *Thesaurierend*

Der Begriff Thesaurierung bedeutet, dass die von Ihnen erwirtschafteten Gewinne nicht ausgegeben oder ausgeschüttet werden. Sie verbleiben zunächst bei der Gesellschaft, die den ETF verwaltet. Die Gewinne werden wieder angelegt, also weiter investiert. Das griechische Wort, aus dem sich der Begriff thesaurierend ableitet, ist *thesauros*, was so viel wie Schatzhaus bedeutet. Dieser Begriff beschreibt es ziemlich treffend. Ihre Anteile des gewinnbringenden ETFs werden Ihnen nicht direkt ausgezahlt, sondern bleiben erst einmal im Schatzhaus.

Man spricht bei thesaurierenden ETFs auch von einer Re-Investition. Nehmen wir an, Sie hätten 200 Euro an Gewinn mit Ihrem Investment erzielt, weil der Wert des Indizes, den Ihr ETF abbildet, gestiegen ist. Nun werden diese 200 Euro im selben ETF neu angelegt. Dadurch steigt aber auch der Wert des ETF insgesamt, dementsprechend ist Ihr Anteil am Fonds ebenso mehr wert. Wenn der Fonds insgesamt einen Wert von 20.000 Euro hatte, so hat er nun einen von 20.200 Euro, Ihr prozentualer Anteil am ETF ist mehr wert. Dazu ein kurzes Rechenbeispiel.

#### Rechenbeispiel

Sie haben 100 Euro in einen ETF investiert, Sie sind aber natürlich nicht der einzige Anleger. Auch viele andere haben eine gewisse Summe in den ETF investiert. Es besitzen also alle, wie Sie eben auch, einen bestimmten Anteil am Vermögen des Fonds. Sagen wir, der ETF ist 10.000 Euro wert, Sie besitzen also mit Ihrem Investment ein Prozent des Fondsvermögens. Nun erhöht sich der Wert des Fonds aber auf 11.000 Euro, das heißt Ihr einprozentiger Anteil ist nicht mehr 100, sondern 110 Euro wert. Wenn sich der Wert des Fonds erhöht, profitieren also alle Anleger davon.

Thesaurierende ETFs eignen sich besonders für langfristige Anlagen, die ich Ihnen, wie bereits mehrfach erwähnt, für den Einstieg wärmstens empfehle. Bei diesem Modell fallen keine Gebühren an und Sie profitieren vom Zinseszinseffekt (siehe Kapitel „Warum sich langfristiges Investieren lohnt"). Auch führt der Fonds die Steuern für die erwirtschafteten Erträge, sofern überhaupt Steuern anfallen sollten, direkt ab, Sie müssen sich bei Ihrer nächsten Steuererklärung also nicht damit herumärgern.

Vielleicht fragen Sie sich, wie Sie denn überhaupt an Ihre Gewinne herankommen, wenn der Gewinn doch immer wieder von der Fondsgesellschaft reinvestiert wird. Bei thesaurierenden ETFs erzielen Sie Ihre Gewinne tatsächlich durch den Verkauf Ihrer Anteile. Wenn diese kontinuierlich im Wert gestiegen sind, können Sie sie an andere Anleger verkaufen und haben ein Vielfaches Ihrer ursprünglichen Investition eingenommen. Möchten Sie Ihr Geld lieber auf direktem Wege, dann gibt es für Sie noch eine zweite Option:

### *Ausschüttend*

In diesem Fall ist der Name direkt deutlicher und verständlicher. Der im Anlagezeitraum erzielte Gewinn, die sogenannte Dividende, wird ausgeschüttet. Stellen Sie es sich ruhig bildlich vor: die Fondsgesellschaft steckt die erwirtschafteten 200 Euro in einen Beutel und schüttet diesen dann über Ihnen aus. Sie bekommen das Geld de facto ausgezahlt wie etwa einen Lohn vom Arbeitgeber.

Wenn Sie es also bevorzugen, kontinuierlich Ihr Geld ausgezahlt zu bekommen, oder Sie vielleicht regelmäßig eine bestimmte Summe benötigen, um sich etwas Teures leisten zu können, eignet sich diese Art der Gewinnverwaltung natürlich besser für Sie. Auch bei Fonds dieser Art müssen Sie sich über eventuelle Steuern oder Gebühren keine Gedanken machen. Wenn der Anbieter der ETFs seinen Sitz in Deutschland hat, führt er Steuern und Gebühren automatisch ab. Sie bekommen den Nettobetrag, also den Betrag nach Abzug von Steuern, ausgezahlt und haben keinen weiteren Aufwand mit den Finanzbehörden.

Sitzt der Anbieter der ETFs im Ausland, ist es etwas komplizierter, denn in diesem Fall müssen Sie Ihre Gewinne tatsächlich bei der Steuererklärung angeben. Wichtig ist also nicht nur, ob ein ETF ausschüttend oder thesaurierend ist, sondern auch, in welchem Staat er seinen Hauptsitz hat.

## Replikationsmethode

Über den Unterschied zwischen der physischen Abbildung und der synthetischen Replikation eines ETFs haben wir ja bereits gesprochen. Machen Sie sich bewusst, welche Variante für Ihre Bedürfnisse sinnvoller ist. Sprechen Sie sich im Zweifelsfall mit routinierten Anlegern ab und tauschen Sie Erfahrungen aus. Schauen Sie sich die Tabelle noch einmal an, anhand derer ich die Vor- und Nachteile der physischen und der synthetischen Replikation dargestellt habe. Wenn Sie es ein wenig bildlicher mögen, betrachten Sie die folgende Graphik, um sich die Funktionsweise der verschiedenen Vorgänge vor Augen zu führen.

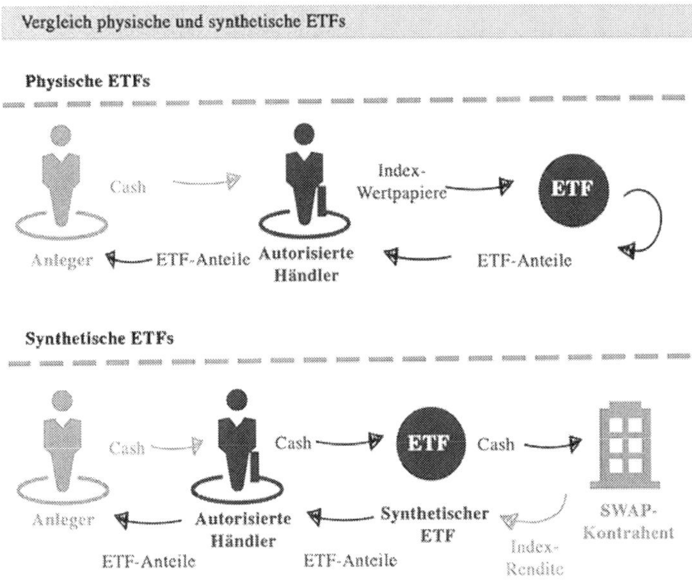


*Abbildung 1 Physische und Synthetische Replikation bei ETFs*
*Quelle: GeVestor.de; https://www.gevestor.de/finanzwissen/fonds/etfs*

## FONDSANBIETER

ETFs werden von Unternehmen wie zum Beispiel großen Fondsgesellschaften oder auch Banken angeboten. Manche Anleger interessieren sich nicht besonders dafür, von wem genau nun die ETFs stammen, andere wiederum sind kritischer. Genau wie es Konsumenten gibt, welche Produkte bestimmter Lebensmittelhersteller nicht kaufen, gibt es auch Anleger, die bestimmte Fondsgesellschaften oder Banken boykottieren. Grundsätzlich gilt, dass Sie sich mit Ihrem Portfolio wohlfühlen müssen. Es hilft Ihnen nicht unbedingt weiter, wenn Sie mit jedem Gewinn, den Sie erzielen, gleichzeitig ein schlechtes Gewissen haben. Wenn Sie also zu der Kategorie von Anlegern zählen, die auf ethische Gesichtspunkte Wert legen, sollten Sie sich vorher mit dem Unternehmen auseinandersetzen, welches die für Sie interessanten ETFs herausgibt.

*Transparenz*

Doch nicht nur ethisch-moralische Aspekte spielen bei der Überprüfung des Fondsanbieters eine Rolle. Achten Sie auch auf die Transparenz des herausgebenden Unternehmens. Werden die Gewinne sowie die Verluste/Kosten des Fonds transparent aufgelistet, zum Beispiel auf der Homepage der betreibenden Firma, oder erhalten Sie regelmäßige Informationen per E-Mail? Werden die entsprechenden Daten laufend aktualisiert? Gibt es einen Ansprechpartner im Unternehmen? All diese Fragen sollten Sie klären, bevor Sie in einen Fonds investieren. Außerdem ist es bei ausländischen ETFs nicht unerheblich, dass Sie die Sprache verstehen, in der die Informationen bereitgestellt werden. Wenn Sie also in einen französischen Fonds investieren wollen und die Informationen zu dem Produkt und dem Anbieter ausschließlich auf Französisch erhältlich sind, sollten Sie die Sprache unbedingt beherrschen, ansonsten können Sie sich keine fundierte Meinung zu dem vorliegenden ETF bilden.

## Sparplanfähigkeit

Wir haben bereits über die immensen Vorteile eines Sparplans gesprochen. Die meisten ETFs sind sparplanfähig, das heißt, Ihre Bank oder Ihr Broker bietet einen entsprechenden Sparplan für das Produkt an. Es gibt jedoch Ausnahmen, daher sollten Sie auch diesen Aspekt bei der Auswahl nicht vollkommen vernachlässigen. Bei einigen Brokern können Sie von Beginn an einen Filter über das Auswahlprogramm laufen lassen. Stellen Sie zum Beispiel den Filter „Nur Aktionssparpläne“ ein, um von vornherein nur sparplanfähige Produkte angezeigt zu bekommen.

## Handelskosten

Wenn Sie ETFs kaufen oder verkaufen wollen, fallen dabei Gebühren an, die sogenannten Order-Gebühren. Diese unterscheiden sich von Broker zu Broker, gelegentlich finden Sie sogar Rabatte, die manche Broker Ihnen im Rahmen eines Aktionsangebots gewähren. Diese Rabatte gelten dann zumeist für den Kauf bestimmter Produkte von bestimmten Anbietern. Es gibt Anleger, die fast ausschließlich in derartige ETFs investieren, um die Handelskosten möglichst gering zu halten. Doch Vorsicht: Nicht immer sind die Produkte, die im Rahmen von Sonderangeboten angepriesen werden, auch die besten. Informieren Sie sich also unbedingt vor einem Kauf und lassen Sie sich nicht von Angeboten ködern. Sie sollten sich stets fragen, ob ein ETF in Ihr Portfolio passt. Tut er das nicht, ist der Preis irrelevant, passt er in Ihr Profil, können Sie sich über die Kosten Gedanken machen. Stellen Sie bei Ihrem Broker den Filter „Aktions-ETFs" ein. Daraufhin wird Ihnen eine Gesamtübersicht mit den Aktionsangeboten des Brokers angezeigt.

# 9. Typische Anfangsfehler vermeiden

„Aus kleinem Anfang entspringen alle Dinge“.
(Marcus Tullius Cicero)

Um den idealen Einstieg in Ihre Investitionstätigkeit zu finden, sollten Sie klassische Anfängerfehler vermeiden. Aus Fehlern können wir lernen, das steht außer Frage, aber diese Fehler sollten nicht grundsätzlicher Natur und nicht so schwerwiegend sein, dass sie den Erfolg der gesamten Investition gefährden. Deshalb möchte ich Ihnen an dieser Stelle die vier häufigsten Fehler nennen, die Anfängern an der Börse üblicherweise unterlaufen.

### *1. Ausschließlich den Ratschlägen von „Experten" vertrauen*

Ich hatte es zu Beginn erwähnt: Banker, Anlageberater und ähnliche vermeintliche Experten können zwar hilfreiche Tipps geben, sie sind aber selbst meist in einer Zwickmühle gefangen. Schließlich erhalten sie bei der Vermittlung spezieller Produkte höhere Provisionen als bei anderen, unabhängig davon, ob dieses Produkt Ihnen als Kunde wirklich nützt. Durch dieses Anreizsystem ist die Versuchung für Finanzberater groß, ihren eigenen Profit vor die für Sie optimale Beratung zu stellen. Verlassen Sie sich also nie ausschließlich auf die Ratschläge von sogenannten Experten.

### *2. Versuchen den Markteinstieg zu timen*

Einige Finanzmarktkenner schwören auf die sogenannte Chartanalyse, auch technische Analyse genannt. Diese Methode soll es Kleinanlegern ermöglichen, den optimalen Zeitpunkt ausfindig zu machen, um in einen Markt ein- beziehungsweise daraus auszusteigen. Doch dieses Instrument ist mehr als umstritten. Nachweislich schneiden Investoren, die Chartanalyse betreiben, nicht signifikant besser oder schlechter ab als der Durchschnitt der Investoren. Außerdem lauern bei Anwendung der technischen Analyse Fallstricke, die Sie Ihr gesamtes Startkapital kosten können. Häufig steigen Privatanleger zu einem Zeitpunkt der Euphorie (hoher Kurs) in Märkte ein und steigen zu einem Zeitpunkt der Depression (niedriger Kurs) wieder aus. Auf diese Art und Weise machen

Sie natürlich Verluste, sinnvoll wäre es, genau anders herum vorzugehen. Den Markteinstieg zu timen ist also nicht ratsam, zumindest, wenn Sie als Privatperson investieren wollen und nicht als großer Fonds oder als Finanzgesellschaft. Bleiben Sie lieber bei einer langfristigen Strategie!

### *3. Gebühren vernachlässigen*

Ein Prozent Gebühren oder vielleicht auch drei Prozent – vermutlich macht das keinen großen Unterschied für Ihre Gesamtperformance, oder? Genau diesen Denkfehler begehen viele Anfänger, schließlich sind die Gebühren meist im niedrigen einstelligen Bereich, es handelt sich also um kleine Zahlen, die ziemlich harmlos klingen. Doch es macht durchaus einen Unterschied, ob Sie ein, drei oder fünf Prozent von Ihren Gewinnen als Gebühr abgeben. Denken Sie dabei an den Zinseszinseffekt zurück, hier haben wir es genau mit dem umgekehrten Phänomen zu tun: Je höher der Prozentsatz bei den Gebühren, desto niedriger fällt der Gewinn aus, und das Jahr für Jahr für Jahr. Achten Sie also genau auf Gebühren, berücksichtigen Sie alle anfallenden Kosten und versuchen Sie, diese so gering wie möglich zu halten. Nehmen Sie sich die Zeit, nach dem günstigsten Angebot Ausschau zu halten und notfalls auch länger zu recherchieren. Auf lange Sicht rentieret es sich! Kosten minimieren - Rendite maximieren, lautet die Maxime.

### *4. Nur in deutsche Finanzprodukte investieren*

Dass der Patriotismus hierzulande weit verbreitet ist, ist in schöner Regelmäßigkeit bei großen Fußballturnieren zu beobachten. Was bei einer Weltmeisterschaft als Tradition gilt, kann an der Börse allerdings von Nachteil sein. Manche Anfänger machen den großen Fehler, dass sie ausschließlich in deutsche Aktien, deutsche ETFs oder deutsche Firmen investieren wollen. Hier kenne ich mich schließlich aus, denken die Leute und vergessen dabei vollkommen, dass die Tatsache, Deutscher oder Deutsche zu sein, sie noch lange nicht zum Experten für deutsche Finanzmärkte macht; im Übrigen genauso wenig wie zum Bundestrainer. Umgehen Sie dringend diesen sogenannten *Home Bias* (deutsch: Heimmarktneigung). Wir haben bereits gesehen, dass es absolut sinnvoll sein kann, in ein Weltportfolio zu investieren, welches auch Indizes aus entfernten, uns unbekannten Ländern abbildet. Auch weisen ausländische Märkte oft ein höheres Potenzial auf, da die Wachstumsmöglichkeiten in einer mehr oder minder saturierten Wohlstandsgesellschaft wie Deutschland begrenzt sind. Schauen Sie über den Tellerrand hinaus und bleiben Sie nicht unmittelbar vor Ihrer eigenen Haustür stehen.

Wenn es Ihnen gelingt, diese Fehler zu Beginn Ihrer Tätigkeit an der Börse zu vermeiden, haben Sie ausgezeichnete Chancen, einen guten Start am Parkett hinzulegen und auf lange Sicht erfolgreich zu sein.

# 10. Ihr persönlicher ETF-Sparplan

„Die Menschen verstehen nicht,
welch grosse Einnahmequelle in der Sparsamkeit liegt“.
(Marcus Tullius Cicero)

Nachdem wir uns nun intensiv damit auseinandergesetzt haben, welche Faktoren Sie beim Kauf von ETFs und beim Erstellen des Sparplans berücksichtigen sollten, möchte ich Ihnen jetzt anhand eines praxisorientierten Leitfadens aufzeigen, wie Sie Ihren persönlichen Sparplan aufstellen. Dabei sollten Sie sich zunächst fragen, wie rentabel Ihre Investition potenziell sein kann, Sie sollten also Ihre Rendite berechnen. Anschließend sollten Sie Ihren Kreditbetrag festlegen. Ich möchte Ihnen im weiteren Verlauf einen exemplarischen Ablauf für den Kreditbetrag von **3.000 Euro** darstellen - dieser Betrag eignet sich ideal für die erste Investition.

## Wie errechnet man seine Rendite?

Um zu überprüfen, wie lohnend Investitionen tatsächlich sind, kann es nicht schaden, wenn Sie Ihre tatsächliche jährliche Rendite selbst berechnen können. Dazu benötigen Sie noch nicht einmal komplizierte Finanzmathematik, denn die Formel ist relativ simpel. Folgende Kennzahlen brauchen Sie für die Berechnung:

- Den Kaufwert des Portfolios - dieser wird vom Broker angezeigt
- Den aktuellen Depotwert
- Den Zeitraum, seit dem Sie investieren.

Wenn Sie alle drei Kennzahlen haben, können Sie diese in eine Tabelle eintragen. Nutzen Sie am besten Excel oder ein vergleichbares Programm dafür. Tragen Sie die Kategorien „Jahre“, „Kaufwert“, „Depotwert“, „Jahresrendite“ und „Gesamtrendite“ jeweils als Spaltenkopf in der obersten Zeile der Tabelle ein. Der Broker zeigt Ihnen im Normalfall lediglich die Gesamtrendite und nicht die Jahresrendite an. Dies kann wie folgt aussehen:

*Tabelle 5 Jahresrendite berechnen*

| | A | B | C | D | E |
|---|---|---|---|---|---|
| 1 | Jahre | Kaufwert | Depotwert | Jahresrendite | Gesamtrendite |
| 2 | 5 | 10.000 Euro | 12.000 Euro | **=POTENZ (C2/ B2; 1/A2) -1** | **=(C2/B2)- 1** |

=POTENZ ist eine Potenzfunktion. In Klammern ist angegeben, welche Felder der Tabelle in die Berechnung miteinbezogen werden sollen. C2 ist das Feld mit dem Depotwert. Die Zahl zwei zeigt uns die Zeile, der Buchstabe C die Spalte des Wertes, den wir verwenden wollen. Die Funktion ist also wie ein Koordinatensystem aufgebaut. B2 ist dementsprechend der Kaufwert, der durch ein Semikolon von dem folgenden Rechenbefehl getrennt wird. Dieser lautet eins geteilt durch die Anzahl der Jahre des Investments (A2). Nach dem Schließen der Klammer wird „Minus eins" hinzugefügt und Excel rechnet Ihnen die Jahresrendite aus. Falls das Programm keine Prozentzahl angibt, können Sie in der Menüleiste auf den Button mit dem Prozentzeichen (%) klicken, um den Prozentwert zu erhalten.

Die Gesamtrendite ist deutlich leichter zu errechnen. Der Depotwert (C2) wird durch den Kaufwert (B2) geteilt, am anderen Ende der Klammer steht wieder „Minus Eins". Rechnen Sie doch zur Übung einfach mal das oben aufgeführte Beispiel in Excel aus. Die Zahlen sind dabei so einfach gehalten, dass Sie Ihr Ergebnis zumindest durch Überschlagen relativ leicht überprüfen können. Auf diese Art und Weise können Sie ohne besonderen Aufwand Ihre Rendite berechnen und somit schnell überprüfen, auf welchem Stand sich Ihre Investition befindet, welche Positionen sich besonders lohnen und welche weniger.

# Exkurs: 3.000 Euro sicher und schlau anlegen.

Gehen wir an dieser Stelle noch einmal den Schritt von der Theorie in die Praxis. Nehmen wir einen Betrag, der nicht zu niedrig, aber auch nicht zu hoch ist und über den Sie im besten Fall verfügen, wenn Sie damit beginnen möchten, an der Börse zu investieren. Natürlich können Sie genauso gut mit kleineren Beträgen beginnen, doch 3.000 Euro stellen tatsächlich eine optimale Summe für ein Investment dar. Lassen Sie uns im Folgenden exemplarisch mit diesem Betrag eine möglichst sichere und smarte Anlagestrategie durchspielen. Erneut sollten Sie sich eingangs einige Fragen stellen, um die grundsätzliche Richtung Ihres Investments zu definieren.

*1. Haben Sie einen Notgroschen aufgebaut?*

Ich muss es an dieser Stelle leider immer und immer wieder sagen: Investieren Sie niemals Ihr gesamtes Geld an der Börse. Haben Sie einen Notgroschen aufgebaut, von dem Sie problemlos leben und durch den Sie niemals in eine finanziell absolut prekäre Situation geraten können? Falls Sie diese Frage mit *Ja* beantworten können, steht Ihrem ersten Investment nichts mehr im Wege.

*2. Welches Ziel möchten Sie mit dem Investment erreichen?*

Was möchten Sie durch den Einsatz der 3.000 Euro konkret erreichen? Welche Ziele haben Sie vor Augen, welche Wünsche möchten Sie sich erfüllen? Von diesen individuellen Zielsetzungen hängt es schließlich ab, welche Anlagestrategie für Sie die richtige ist. Möchten Sie das Geld verdoppeln oder reicht es Ihnen aus, 200 oder 300 Euro dazuzuverdienen? Über welchen Zeitraum möchten Sie anlegen, das heißt, nach wie viel Jahren möchten Sie Ihren Gewinn verbuchen können? Wir definieren also zunächst den Anlagehorizont. Ich möchte Ihnen an dieser Stelle abermals zu einem langfristigen Investment raten, bei dem wir über einen Zeitraum von zehn Jahren oder mehr sprechen. Gehen wir tatsächlich davon aus, dass Sie für Ihr Alter vorsorgen möchten oder ein noch weit entferntes Ziel vor Augen haben.

### *3. Wie viel Risiko möchten Sie eingehen?*

Haben Sie ein sicheres Einkommen aus Ihrer beruflichen Tätigkeit? Wie hoch ist es? Gibt es Menschen, die von Ihnen abhängig sind, zum Beispiel Kinder oder eine ganze Familie? All diese Fragen sollten Sie sich stellen, bevor Sie bereit sind, ein hohes Risiko in Kauf zu nehmen. Beachten Sie nicht nur die äußeren Umstände, sondern auch Ihre innere Verfassung. Sind Sie stressresistent und nervenstark genug, um ein wirkliches Risikoinvestment auszuhalten? Je nachdem, zu welchem Resultat Sie bei dieser Reflexion Ihres Selbst gelangen, sollten Sie Ihre Anlage aufteilen: in einen risikoreicheren und einen risikoärmeren Teil. Die Aufteilung können Sie individuell je nach Ihrer Situation vornehmen. Erstellen Sie eine tabellarische Übersicht mit Risikostufen und teilen Sie den verschiedenen Stufen Prozentwerte zu.

### *4. Die geeignete Portfolio-Variante finden*

Für 3.000 Euro würde ich Ihnen eine Investition in ETFs empfehlen. Dieser Betrag ist gut geeignet für ein ETF-Portfolio, im besten Falle das sogenannte Weltportfolio, eine unkomplizierte Anlageform, die sich für Beträge sämtlicher Größenordnungen eignet. Vom Kauf von Einzelaktien würde ich Ihnen bei 3.000 Euro Startkapital nicht grundsätzlich abraten, Ihnen aber dennoch ETFs verstärkt empfehlen. Das **Weltportfolio** ist ein Indexfonds, der globale Märkte abdeckt und damit äußerst diversifiziert ist und sich weder von einzelnen Branchen noch von einzelnen Regionen der Welt abhängig macht. Aus Gründen der Einfachheit würde ich Ihnen die Variante des Weltportfolios vorschlagen, die aus drei verschiedenen ETFs besteht.

- Ein ETF mit Aktien aus entwickelten Märkten (Industriestaaten)
- Ein ETF mit Aktien aus Schwellenländern (Länder, die noch nicht vollständig zum Industrieland entwickelt, aber auch kein Entwicklungsland mehr sind)
- Ein ETF auf deutsche Staatsanleihen.

INFO

*Schwellenländer.* Als Schwellenländer bezeichnet man Staaten, die traditionell zu den Entwicklungsländern, also zu den wirtschaftlich, politisch und kulturell wenig entwickelten Staaten, zählen. Die Schwellenländer haben aber zumeist in den letzten Jahren große Fortschritte in diesen Bereichen erzielt und, beispielsweise wirtschaftlich betrachtet, den Abstand zu den klassischen Industriestaaten verkürzen können. Sie stehen also an der *Schwelle* vom Entwicklungs- zum Industrieland. Ein klassisches Beispiel für ein Schwellenland war China, das mittlerweile bereits weit über die Rolle des Entwicklungslandes hinausgewachsen ist. Indien, Brasilien, Mexiko oder Südafrika werden ebenfalls häufig in diesem Kontext genannt.

*Industrieländer.* Industrieländer sind Staaten mit einer starken Wirtschaft. Insbesondere die Industrie, aber auch der Technologiesektor, machen einen Großteil der Wirtschaftsleistung dieser Länder aus. Industrieländer sind meist sehr wohlhabend und gelten auch als politisch stabil, es handelt sich dabei ausschließlich um demokratische Staaten.

### *5. Die passenden ETFs erwerben*

Nun, da Sie für sich entschieden haben, welche Art von ETFs Sie kaufen möchten, geht es zur detaillierten Auswahl der Produkte. Bestimmen Sie die konkreten ETFs, die Sie kaufen möchten und tun Sie das auch gleich danach. Je nach Risikobereitschaft bestimmen Sie, wie Sie die 3.000 Euro Startkapital auf die verschiedenen ETFs verteilen. Auch für diese Entscheidung können Sie die oben bereits erwähnte Excel-Tabelle zu Rate ziehen. Ich möchte Ihnen in einer weiteren Graphik eine beispielhafte Aufteilung präsentieren, dabei handelt es sich explizit nicht um eine Kaufempfehlung der aufgeführten Produkte! In unserem Beispiel haben wir eine etwas höhere Gewichtung auf tendenziell risikoreichere Anlagen, wobei noch einmal erwähnt sei, dass ETFs und auch Aktien grundsätzlich keine Risikoanlagen sind. Wir reden hier also von einem relativen Risiko in immer noch äußerst sicherem Fahrwasser. Legen Sie am besten einen Sparplan an, denn so vermeiden Sie eine Menge Transaktionskosten. Außerdem können Sie den Plan, wenn er einmal gemacht ist, nebenher laufen lassen, und brauchen keine zusätzlich Zeit dafür aufwenden.

**Mein Investment**

| | | |
|---|---|---|
| **Summe gesamt** | **100 %** | **3.000,00 €** |
| Weltportfolio | 100% | 3.000,00 € |
| risikobehaftet | 70% | 2.100,00 € |
| risikolos | 30% | 900,00 € |

| Weltportfolio V3 | | | Beispiel-ETF | WKN |
|---|---|---|---|---|
| **Risiko** | **70 %** | **2.100,00 €** | | |
| Aktien entwickelte Märkte | 75% | 1.575,00 € | COMSTAGE MSCI WORLD | ETF110 |
| Schwellenländer | 25% | 525,00 € | COMSTAGE MSCI EMERGING MARKETS TRN UCITS ETF | ETF127 |
| total risiko | | 2.100,00 € | | |
| **Risikofrei** | **30 %** | **900,00 €** | | |
| [illegible] | 100% | 900,00 € | ISHARES EB REXX GOVERNMENT GERMANY (DE) | ETF520 |
| [illegible] | | 900,00 € | | |

*Abbildung 2 Mögliche Aufteilung des Investments*

### *Fazit*

Sie sehen: 3.000 Euro zu investieren ist wahrlich kein Hexenwerk. Definieren Sie Ihre Ziele, loten Sie Ihre Risikobereitschaft aus und beginnen Sie daraufhin mit dem Ausarbeiten eines Sparplans. Wenn dieser einmal steht, können Sie sich ziemlich sicher sein, dass Sie Ihre Investition sinnvoll und auf lange Sicht gewinnbringend angelegt haben.

# 11. Fünf mögliche Anlagen im Überblick

„Wer aber keinen freien Überblick hat, der sieht,
wie man zu sagen pflegt, den Wald vor lauter Bäumen nicht“
(Theodor Herzl)

*All World (ACWI)*

Sie waren bestimmt schon einmal in einem *Eine-Welt-Laden* einkaufen, oder? Die Vorstellung von einer geeinten Welt, ohne Differenzen zwischen den einzelnen Ländern, klingt wunderschön. Doch in Realität wird dieser Zustand wohl noch länger auf sich warten lassen. An der Börse gibt es allerdings einen ETF, der dieses Ideal bereits verkörpert, den **MSCI All Country World Index** (ACWI).

In diesem Portfolio steckt nur ein einziger ETF. Man kann den ACWI nur schwer mit anderen ETFs kombinieren, da er ja bereits die ganze Welt abbildet. Er ist also ideal, wenn Sie erstmal mit einem ETF anfangen möchten. Er bildet dabei die tatsächlichen Kräfteverhältnisse der einzelnen Staaten ab. Seine Entwicklung richtet sich nach der Entwicklung der Weltwirtschaft, wobei einige Staaten, die keine verlässlichen Wirtschaftsdaten veröffentlichen oder quasi nichts importieren oder exportieren, nicht abgebildet werden.

*Tabelle 6 ACWI*

| Name des ETFs | WKN/ ISIN | TER |
|---|---|---|
| Vanguard FTSE All-World UCITS ETF – USD DIS ETF | A1JX52/ IE00B3RBWM25 | 0,40 Prozent |

Vanguard ist der Anbieter des ETFs. Danach folgt der Produktname. UCITS ist eine rechtliche Bezeichnung, wie zum Beispiel AG oder GmbH für Firmen. Zuletzt wird noch angezeigt, dass es sich um einen ETF handelt. Die Bedeutung der Gesamtkostenquote TER haben wir ja bereits geklärt.

Die Abkürzungen WKN und ISIN:

WKN ist die Abkürzung für Wertpapierkennnummer, diese hat jede Aktie in Deutschland.
ISIN bedeutet International Securities Identification Number, es handelt sich dabei um eine Art Internationale Wertpapierkennnummer.

Sie sehen, dass die TER mit 0,40 Prozent relativ hoch ist. Sie haben zwar eine sehr gute Diversifikation in diesem Aktienportfolio, obwohl Sie nur einen einzigen ETF aufgenommen haben, müssen aber im Vergleich zu ähnlichen Varianten recht hohe Verwaltungskosten zahlen. Den ACWI gibt es sowohl in der ausschüttenden, als auch in der thesaurierenden Variante.

ZUSAMMENFASSUNG:

- Nur ein ETF: Rebalancing fällt weg.
- Hohe Diversifikation
- Sowohl thesaurierend als auch ausschüttend möglich

- Relativ hohe laufende Kosten

**Gesamturteil: Empfehlenswert**

***Industrie- und Schwellenländer***

Bei dieser Anlage handelt es sich um eine Kombination aus dem Index *MSCI World* und dem *MSCI EM*. Der MSCI World Index bildet die wirtschaftliche Entwicklung der Industrieländer ab. Industrieländer sind Länder, deren Wirtschaft stark durch Technologie und Industrie beherrscht wird, es handelt sich also um wirtschaftlich gut entwickelte Staaten. Klassischerweise spricht man meistens von Deutschland, Frankreich, Großbritannien, den USA, Kanada und Japan, wenn man die Industrieländer meint.

Der MSCI Emerging Markets (EM), bildet den wirtschaftlichen Verlauf der sogenannten Schwellenländer ab. Es handelt sich dabei um Staaten, die wirtschaftlich und oft auch politisch nicht hoch entwickelt sind, die aber ein starkes Wirtschaftswachstum verzeichnen und damit den Abstand zu den Industrieländern verkürzen. Man traut ihnen zu, in naher Zukunft in das Feld der Industriestaaten aufzurücken, sie stehen an der Schwelle zum Industrieland, daher die Bezeichnung.

Das Portfolio MSCI World + EM beinhaltet zu 70 Prozent den Index MSCI World und zu 30 Prozent den Index MSCI EM. 70 Prozent des ETFs richten sich also an den Industrieländern und 30 Prozent an den Schwellenländern aus. An der Weltwirtschaft haben die Industrieländer einen größeren Anteil, man geht von bis zu 90 Prozent aus. Dies würde in etwa der Gewichtung des ACWI entsprechen.

Da die Schwellenländer aber schneller wachsen, als die Industrieländer, nimmt das Portfolio sie überproportional stark auf. Das heißt ihr Anteil am Portfolio ist höher als ihr Anteil an der Weltwirtschaft. Für die Anleger ist dies natürlich von Vorteil. Folgendermaßen könnte ein solches Portfolio aussehen:

*Tabelle 7 MSCI World + MSCI EM*

| Name des ETFs | WKN/ ISIN | TER |
|---|---|---|
| MSCI World | LYX00C/ LU1829220216 | 0,15 Prozent |
| Emerging Markets | DBX1EM/ LU0292107645 | 0,20 Prozent |

Es handelt sich um sehr günstige ETFs, Sie sehen, dass die Gesamtkostenquote bei 0,15 beziehungsweise 0,20 Prozent und damit sehr niedrig liegt. Der klare Vorteil eines solchen Weltportfolios ist, dass es einen enormen Grad an Diversifikation aufweist. Im Grunde werden sämtliche Staaten der Welt, die eine gewisse Bedeutung für den Weltmarkt haben und die zuverlässige Wirtschaftszahlen herausgeben, abgebildet. Da die Staaten sehr unterschiedliche wirtschaftliche Ausrichtungen haben, machen Sie sich weniger abhängig von einer einzigen oder zumindest von wenigen Branchen. Sie können, angefangen mit industrieller Verarbeitung, über Dienstleistungen und Technologie bis hin zur Lebensmittelproduktion, sämtliche wirtschaftlich relevanten Sektoren mit diesem Portfolio abdecken. Es gibt den ETF übrigens in beiden Varianten: sowohl ausschüttend, als auch thesaurierend.

ZUSAMMENFASSUNG:

- Hohe Diversifikation
- Kostengünstig
- Hohes Wachstum wahrscheinlich (Schwellenländer)
- Sowohl thesaurierend als auch ausschüttend möglich

- Starke Gewichtung auf den USA im MSCI World

**Gesamturteil: Empfehlenswert**

### *Nachhaltige ETFs*

Nachhaltigkeit, Umweltfreundlichkeit, Verantwortung. Mittlerweile haben die meisten Anleger nicht mehr nur die Erwartung eines möglichst hohen Gewinns an die Finanzprodukte, in die sie investieren, sondern sie sollen auch ethischen Maßstäben genügen. Diese Entwicklung ist grundsätzlich sehr positiv. Unsere Welt ist endlich, deshalb muss auch das Wachstum endlich sein. Die Welt braucht nachhaltiges Wirtschaften mindestens so dringend wie produktives Wirtschaften.

Auch den Unternehmen und den Staaten wird das immer mehr bewusst, genauso wie den Menschen. Vielleicht haben Sie oder Ihre Kinder ja sogar schon einmal an einer *Fridays for Future*- Demo oder einer ähnlichen Veranstaltung teilgenommen. Immer mehr Anbieter offerieren daher nachhaltige ETFs, wo ausschließlich Unternehmen gelistet sind, die sich einer nachhaltigen und ökologischen Wirtschaftsweise verpflichten. Die EU hat jüngst auch feste Regeln aufgestellt, unter welchen Voraussetzungen sich ein ETF „grün" nennen darf. Sie können also ziemlich sicher sein, dass Sie auch tatsächlich in nachhaltige Firmen investieren und nicht etwa in Unternehmen, die bloß so tun, als würden sie sich um den Umwelt- und Klimaschutz kümmern.

Ein Portfolio kann zum Beispiel so aussehen, dass sich 70 Prozent aus dem *MSCI World ESG* und 30 Prozent aus dem *MSCI EM ESG* zusammensetzen. ESG steht für Environment Social Governance, also für ein umweltfreundliches, soziales Management. Der Anbieter ist Amundi, der ETF wird kostenlos über Consors angeboten. Die Gesamtkostenquote ist nicht herausragend gering, bewegt sich aber dennoch in einem sehr angemessenen Rahmen. In der Vergangenheit waren nachhaltige ETFs oft teurer als nicht-nachhaltige. Diese Differenz ist hier aber schon nicht mehr erkennbar. Ein weiteres Zeichen für einen positiven Trend.

*Tabelle 8 MSCI World ESG + MSCI EM ESG*

| Name des ETFs | WKN/ ISIN | TER |
|---|---|---|
| Amundi Index MSCI World SRI UCITS ETF DR | LU1861134382 | 0,18 Prozent |
| Amundi Index MSCI EM SRI UCITS DR ETF | LU1861138961 | 0,25 Prozent |

ZUSAMMENFASSUNG:

- Sozial und ökologisch nachhaltig (mit gutem Gewissen inves-tieren)
- Relativ kostengünstig
- Sowohl thesaurierend als auch ausschüttend möglich
- Kostenlos besparbar bei Consors

- Nicht ganz so stark diversifiziert, da engere Auswahlkriterien

**Gesamturteil: Ausgesprochen empfehlenswert!**

### *Zusätzlich Rohstoffe oder Gold*

Nun haben wir uns gemeinsam einen Überblick über drei verschiedene Portfolios verschafft. Als zusätzliche Option könnten Sie noch einen geringen Anteil an Rohstoffen oder auch Gold in Ihr Portfolio mit aufnehmen. Die Basis des Portfolios sollte aber auf ETFs beruhen, denn ein Investment, das überwiegend auf Rohstoffen oder Gold basiert, ist speziell für Börsenneulinge zu risikoreich.

90 Prozent des Portfolios sollten aus den ETFs bestehen, die wir bisher kennengelernt haben. Nun besteht die Möglichkeit, beispielsweise 5 Prozent Immobilien und 5 Prozent Rohstoffe zu Ihrem Portfolio hinzuzumischen. Ratsam sind an dieser Stelle der *FTSE Developed Markets* zur Abbildung der Rohstoffe und beispielsweise der *Bloomberg Commodity Index* zur Abbildung des Immobilienmarktes. Natürlich kaufen Sie hier an dieser Stelle weder Immobilien noch Rohstoffe. Das wäre viel zu teuer. Es handelt sich wiederum um Indizes, die den Wert von bestimmten Immobilien oder von Rohstoffen wie zum Beispiel Erdöl abbilden.

*Tabelle 9 FTSE Developed Markets + Bloomberg Commodity Index*

| NAME DES ETFs | WKN/ ISIN | TER |
|---|---|---|
| GOLD: Euwax Gold II | EWG2LD / DE00 EWG2LD7 | 0,00 Prozent |
| ROHSTOFFE: ComStage Commerzbank Commodity EW Index TR UCITS ETF | ETF090/ LU0419741177 | 0,45 Prozent |

Beim Handel mit Rohstoffen kann es ethische Probleme geben. So ist zum Beispiel Erdöl ein ziemlich schmutziger Rohstoff, der seinen Teil zur Umweltverschmutzung beiträgt. Auch sind Rohstoffe meist ziemlich spckulativ. Im Jahre 2020 würden Sie sich mit Öl-Futures zum Beispiel im Minus befinden, also einen Verlust erleiden. Daher empfehle ich Ihnen an dieser Stelle, lieber in Gold zu investieren. Gold ist stabiler und ethisch unbedenklicher. Außerdem hat der empfohlene ETF keine Gesamtkostenquote, wohingegen diese bei Rohstoffen relativ hoch ist.

ZUSAMMENFASSUNG:

- Zusätzliche Option zu den sonstigen ETFs, die oft den Fokus stark auf Aktien legen
- Kostenlos besparbar bei der DKB

- Risikoreicher durch zusätzliche Finanzprodukte
- Besonders der Handel mit Rohstoffen ist umstritten (unsicherer Markt)

**Gesamturteil: Bedingt empfehlenswert.**

### *Spezialfälle*

Neben diesen sechs Varianten eines breiten Portfolios möchte ich Ihnen nun noch drei besondere Varianten, sozusagen die Spezialfälle, für mögliche Investitionen vorstellen.

ARERO

Beim *ARERO Weltfonds* handelt es sich um einen Indexfonds, der nicht an der Börse gehandelt wird. Das Ziel, einen Index so exakt wie möglich nachzubilden, ist aber, wie bei den bisher betrachteten ETFs, dasselbe. ARERO wurde vom deutschen Wirtschaftsprofessor Dr. Martin Weber zusammen mit einem Forschungsteam an der Universität Mannheim entwickelt. Seit 2008 ist der ARERO Fonds auf dem Markt. Laut eigener Beschreibung verfolgt er drei Ziele:

- Hohe Diversifikation
- Niedrige Kosten
- Passive Anlagestrategie

Unter diesen Annahmen passt der Fonds wunderbar zu dem, was wir bisher als ratsame Anlagestrategie herausgearbeitet haben. Der Name des Fonds ergibt sich aus den Positionen, die er für die Zusammensetzung des Portfolios empfiehlt. A steht für Aktien (60 Prozent des Portfolios), **RE** steht für Renten, das heißt private Altersvorsorge (25 Prozent), und **RO** für Rohstoffe (15 Prozent).

ZUSAMMENFASSUNG:

- Der Wert des Fonds ist stetig gestiegen (was allerdings auch daran liegt, dass die Finanzmärkte seit der Krise 2008 allgemein gestiegen sind).
- Für einen Indexfonds ist er relativ günstig. Die TER beträgt 0,5 Prozent.
- ARERO betreibt das Rebalancing selbst, Sie müssen sich also nicht darum kümmern.
- Er ist transparent, über die Webseite des Anbieters können Sie die Anlagestrategie gut nachverfolgen.

- Die Aufteilung der Prozentzahlen ist fix und kann nicht geändert werden.
- Die Investition in Rohstoffe ist umstritten. Viele Experten bestreiten die Sinnhaftigkeit dieser Anlage.
- Der Fonds ist nicht kostenlos besparbar, sondern kostet 25 Euro pro Monat bei Consors.

**Gesamturteil: Bedingt empfehlenswert**

All Weather Portfolio

Das *All Weather Portfolio* geht auf die Idee von Ray Dalio zurück, einem der bekanntesten Manager in den USA. Dalio ist Mitbegründer der Fondsgesellschaft *Bridgewater*. Mit geschätzten 17 Milliarden US-Dollar Vermögen gehört er zu den reichsten Männern der Welt. Nun ist es sicherlich nicht immer die beste Idee, von den Superreichen lernen zu wollen, doch im Fall von Ray Dalio lohnt es sich, sein Konzept des *All Weather Portfolios* näher zu betrachten.

Das Portfolio ist so konzipiert, dass es möglichst alle Schwankungen innerhalb der einzelnen Positionen ausgleichen kann, also allen Wetterlagen standhält. Das Portfolio soll dementsprechend diversifiziert sein und sich aus verschiedenen Positionen zusammensetzen. Folgende Zusammenstellung empfiehlt Dalio:

- 30 Prozent Aktien
- 40 Prozent langlaufende US-Staatsanleihen
- 15 Prozent mittelfristige US-Staatsanleihen
- 7,5 Prozent Gold
- 7,5 Prozent Rohstoffe

Staatsanleihen gelten als sehr sicher. In aller Regel schwanken sie kaum. Langjährige Staatsanleihen haben dabei eine Laufzeit von 20 bis 30 Jahren, sind also auf einen langen Zeitraum hin ausgelegt. Daher empfiehlt Dalio auch einen derart hohen Prozentsatz dieser Anleihen im Portfolio. Auch Staatsanleihen werden in Form von ETFs abgebildet. Mittelfristige Staatsanleihen haben eine Laufzeit von 10 Jahren. Auch die Rohstoffe werden bei dieser Variante als ETFs abgebildet.

### Info: Staatsanleihen

Staaten haben verschiedene Möglichkeiten, ihre Ausgaben zu finanzieren, zum Beispiel Steuern. Immer mehr Staaten nutzen allerdings auch die Variante der Staatsanleihen. So wie ein Konzern Aktien, also Anteile der Firma ausgibt, gibt der Staat Anleihen, also ebenfalls Anteile von sich, an private Anleger heraus. Die Anleger kaufen dem Staat die Anleihen ab, dieser kann wiederum Ausgaben mit dem Geld finanzieren. Staatsanleihen sind zeitlich begrenzt, um zu verhindern, dass irgendwann der komplette Staat „verkauft“ ist.

Die Schwankungen des *All Weather Portfolios* sind in der Tat sehr gering, allerdings gibt es auch einige Punkte, die gegen Dalios Portfolio sprechen.

- Es ist sehr USA-lastig. Sowohl die Aktien als auch die Anleihen kommen bei Dalio ausschließlich aus den USA. Eine breitere Diversifikation wäre wünschenswert.

- Es ist ein gewisses Startkapital vonnöten, da einige Positionen gekauft werden müssen. Für Einsteiger ist das Portfolio unter Umständen zu teuer.

**Gesamturteil: Nicht empfehlenswert!**

### *Spezial- und Themen-ETFs*

Zu guter Letzt möchte ich Ihnen auch die Existenz von Spezial- und Themen-ETFs nicht vorenthalten. Es gibt ETFs, die sehr spezielle Branchen abbilden, sie spekulieren zum Beispiel auf technische Innovationen im Gesundheitswesen, auf die Entwicklung von Robotern oder Künstliche Intelligenz (KI). Und selbst auf die Entwicklung gesellschaftlicher Phänomene, wie zum Beispiel den demographischen Wandel, können Sie theoretisch spekulieren.

Das mag zunächst interessant klingen, allerdings sind gerade diese Branchen oder völlig von der Realwirtschaft entkoppelte Fonds nahezu unberechenbar. Niemand kann seriöse Prognosen darüber erstellen, wie sich unsere Gesellschaft in den nächsten Jahren und Jahrzehnten entwickeln wird. Robotik oder KI sind hochinteressante Themenfelder, aber wann deren Zeit endgültig gekommen ist, ob sich die Technik konstant fortentwickelt oder ob es Rückschläge gibt – das alles ist Zukunftsmusik. Darauf zu spekulieren, birgt bloß ein unnötiges Risiko.

Außerdem würde sich diese Art der Anlage mit der Strategie der Diversifikation nur schlecht vertragen. Themen-ETFs streuen in der Regel nicht, sondern legen ihr Schwergewicht klar auf eine Branche, zum Beispiel die Elektroindustrie oder auch Pharmakonzerne. Lassen Sie sich daher nicht von solchen Angeboten ködern. Wir haben uns ein gutes und fundiertes Wissen über verschiedene Möglichkeiten der Investition aufgebaut. Alles, was für Sie wichtig sein könnte, haben wir in den letzten Kapiteln besprochen.

**Nicht empfehlenswert!**

# 12. Extra: In zehn Punkten zum ETF-Sparplan

„Gebt mir einen festen Punkt
und ich hebe die Welt aus den Angeln".
(Archimedes)

Zu guter Letzt möchte ich Ihnen einen 10-Punkte-Plan ans Herz legen, an dem Sie sich bei der Erstellung Ihres Sparplans orientieren können. Wenn Sie der Überzeugung sind, die passenden Finanzprodukte gefunden zu haben, sollten Sie Ihren persönlichen Sparplan ausarbeiten. Die Vorteile dieser Vorgehensweise haben wir ja bereits im Buch erörtert. Betrachten wir uns nun abschließend noch einmal die Kriterien, die für die Auswahl des für Sie geeigneten ETFs von Bedeutung sind. Verwenden Sie die Checkliste, um zu überprüfen, ob Sie das passende Produkt gewählt haben. Falls ja, können Sie damit beginnen, einen detaillierteren Sparplan zu erarbeiten.

*Vorher: Checkliste für die Auswahl der richtigen ETFs*

Checkliste für die Wahl des richtigen Brokers:

- ❑ Bin ich mir im Klaren darüber, was der Unterschied zwischen thesaurierenden und ausschüttenden ETFs ist?
- ❑ Habe ich mir klar gemacht, welche der beiden Varianten ich bevorzuge?
- ❑ Handelt es sich bei dem vorliegenden ETF um die Variante, die für mich am besten ist?
- ❑ Habe ich die Gesamtkostenquote (TER) überprüft?
- ❑ Liegt sie in etwa zwischen 0,15 und 0,5 Prozent? (Liegt sie höher, sollten Sie tendenziell die Finger davon lassen, auch wenn es begründete Ausnahmen geben mag.)
- ❑ Haben Sie die Tracking Differenz berechnet?
- ❑ Liegt sie zumindest in der Nähe von Null oder ist sie sogar negativ (was in diesem Fall gut ist)?
- ❑ **Zusatztipp:** Gehen Sie auf die Internetseite justetf.com und melden Sie sich an, um kostenlos verschiedene Angebote miteinander vergleichen zu können.

*In 10 Schritten zum Sparplan:*

1. *Notgroschen für Notsituationen und unerwartete Zahlungen*
   Stecken Sie niemals Ihr gesamtes Kapital in die Börse. Schließlich kann jederzeit etwas Unerwartetes passieren. Dann werden Sie auf alle Fälle froh sein, wenn Sie auf Ihren Notgroschen in der Hinterhand zurückgreifen können. Legen Sie ihn auf Ihr Konto oder unter Ihr Kopfkissen, auch wenn Sie dafür keinerlei Zinsen erhalten. Hauptsache Sie rühren ihn solange nicht an, bis Sie ihn wirklich brauchen!

2. *Niemals auf Kredit investieren*
   Nehmen Sie niemals einen Kredit auf, um Geld an der Börse zu investieren! Wenn Sie das Geld nicht haben, müssen Sie mit Ihrem Investment noch warten. Kredite sind Schulden und Schulden können Sie belasten. Auch auf diesen Aspekt sind wir ja bereits eingegangen. Lassen Sie also die Finger von Krediten. Meistens müssen Sie auch noch Zinsen auf die Kreditsumme zahlen, was Sie zusätzlich noch stärker belastet.

3. *Nur Geld investieren, das Sie mittel- und langfristig nicht brauchen*
   Ich würde Ihnen empfehlen, maximal (!) die Hälfte Ihres Geldes an der Börse zu investieren. Es kommt aber natürlich auch ein wenig darauf an, wie viel Geld Sie in Ihrem Alltag zur Verfügung haben und wie viel Sie davon benötigen (Laufkosten, etc.). Das Geld, welches Sie investieren, darf Ihnen auf keinen Fall an anderer Stelle fehlen!

4. *Klären Sie Ihre Beweggründe*
   Warum möchten Sie an der Börse investieren? Was ist Ihr Ziel, was sind Ihre Pläne? Erst wenn Sie diese Fragen geklärt haben, sollten Sie mit dem Börsenhandel beginnen. Schließlich sind diese Fragen essentiell. Sie entscheiden darüber, in welche ETFs Sie investieren, in welchem Umfang und auf welche Zeitspanne Ihr Investment angelegt ist. Dabei sollten Sie Ihre Beweggründe, wenn möglich, ausdifferenziert betrachten. „Reich werden" ist zum Beispiel ein möglicher Beweggrund, bringt Ihnen aber für Ihr weiteres Vorgehen herzlich wenig. Formulieren Sie also lieber: „In zehn Jahren möchte ich genug Geld haben um...".

5. *Wieviel kann ich monatlich sparen?*
   Im Grunde ist diese Frage ähnlich wie die nach dem Budget, mit dem Sie investieren wollen, also die Frage nach dem Kapital. Wie viel Geld haben Sie zur Verfügung und wie viel davon benötigen Sie für die Deckung Ihrer alltäglichen Ausgaben? Der Betrag, der übrigbleibt, kann gespart werden. Von diesem Betrag sollten Sie einen Teil dazu verwenden, Ihren Notgroschen aufzubauen, den anderen Teil können Sie bedenkenlos investieren.

6. *Welche ETFs sind daher für mich geeignet?*
   Thesaurierende oder doch lieber ausschüttende ETFs? Welche Variante passt besser zu Ihren Bedürfnissen? Wie hoch ist die TER, welche Indizes werden abgebildet? Haben Sie darüber hinaus noch Erwartungen an einen ETF, soll er zum Beispiel nachhaltig oder einfach nur besonders sicher sein? Klären Sie diese Fragen für sich und treffen Sie dann, basierend auf den Ergebnissen, Ihre Auswahl.

7. *Welche konkreten ETFs möchte ich besparen?*
Die alles entscheidende Frage: Welche konkreten ETFs sollen es sein? Lesen Sie sich ruhig das Kapitel in diesem Buch noch einmal durch, in welchem ich Ihnen die verschiedenen Varianten vorstelle. Informieren Sie sich, sprechen Sie unter Umständen mit Bekannten oder Verwanden darüber, die ebenfalls an der Börse aktiv sind Wichtig ist natürlich, dass Sie diesen Leuten vertrauen. Wenn Sie die richtige Wahl getroffen haben, dann stehen Sie auch dazu und denken Sie nicht permanent darüber nach, ob Sie den Fonds nicht doch verkaufen sollten. Überlegen Sie sich Ihre Auswahl gut und bleiben Sie dann dabei! Sitzfleisch ist in diesem Fall eine ausgemachte Qualität.

8. *Passenden Online-Broker finden, der meine ETFs anbietet*
Die Auswahl des Brokers ist ebenfalls ausschlaggebend. Wenn Sie sich für den passenden ETF entschieden haben, müssen Sie sich natürlich sicher sein, dass der Broker diesen auch anbietet. Prüfen Sie außerdem immer und unbedingt die Seriosität des Brokers. Die Gütekriterien für einen Broker sind im entsprechenden Kapitel dieses Buches aufgeführt.

9. *Sparplan anlegen*
Legen Sie sich einen passenden, wenn möglich kostenlosen Sparplan an. Er ist das ideale Instrument für eine langfristige Anlage, die weder Zeit noch Nerven kostet. Automatisch investiert der Sparplan in bestimmten Abständen in ETFs und hilft Ihnen auf diese Art und Weise beim Aufbau Ihres Portfolios. Nur Geld investieren, das Sie mittel- und langfristig nicht brauchen.

*10. Durchhalten*

Lassen Sie sich nicht aus der Ruhe bringen. Langfristiges Investieren hat immer auch etwas mit Aushalten und Durchhaltevermögen zu tun. Kurzfristige Schwankungen oder Verluste können immer auftreten, lassen Sie sich davon nicht irritieren. Denken Sie stets an André Kostolanys Zitat: „*Kaufen Sie Aktien, nehmen Sie Schlaftabletten und schauen Sie die Papiere nicht mehr an. Nach vielen Jahren werden Sie sehen: Sie sind reich*". Das mag auf Aktien zutreffen, für ETFs gilt es aber umso mehr. Bitte nehmen Sie Kostolanys' Aussage nicht wörtlich. Der Inhalt dieses Zitats macht allerdings deutlich, was es bedeutet, eine langfristige Anlagestrategie zu verfolgen.

# SCHLUSSWORT

„MUT STEHT AM ANFANG DES HANDELNS, GLÜCK AM ENDE“.
(DEMOKRIT)

Vielleicht erinnern Sie sich noch an den Beginn dieses Buches. Ich war mit meinem Vater in Costa Rica und begegnete dort Richard. Er inspirierte mich damals, mich mit der Börse auseinanderzusetzen. Ihm habe ich es zu verdanken, dass ich heute überdurchschnittliche Renditen erziele und dass ich damals einen großen Fehler vermieden habe.

Meine Großmutter hatte über 14 Jahre lang für mich gespart. Ich sollte es nach meinem Schulabschluss leichter haben als sie damals. Dafür bin ich ihr bis heute sehr dankbar. Auf dem Rückflug von Costa Rica nach Hause überlegte ich mir, was ich mit dem Geld machen soll. Auf der einen Seite war ich begeistert von der Idee dieses Geld in Aktien anzulegen. Auf der anderen Seite kam mir aber auch der Gedanke mir einen schönen Sportwagen dafür zu kaufen. Schließlich brauchte ich ein verlässliches Fortbewegungsmittel für meine Berufsausbildung. Und die Mädels aus meinem Freundeskreis würden es sicherlich auch genießen mal ein paar Runden mit mir zu drehen. Neue Anziehklamotten hätte ich auch mal wieder nötig.

Tatsächlich war ich gedanklich in einer Zwickmühle. Meine Gedanken kreisten zwischen soliden Zukunftsgedanken und meinem Wunsch nach Lifestyle. In zehntausend Metern Höhe träumte ich davon, wie ich mit meinem Sportwagen durch die Stadt flitzte und sich alle nach mir umdrehten und neidisch glotzten. Oder wie ich an der Diskothek aus meinem Auto aussteige und die Leute meine scharfen Klamotten bewunderten. Ich war mir nicht klar darüber, was ich mit dem Geld machen würde.

Nach 14 Stunden landeten wir. Obwohl ich viel geschlafen habe, war ich sehr müde. Mein Vater und ich nahmen uns ein Taxi und fuhren nach Hause. Dort angekommen, packte ich meine Tasche aus und fand im Rucksack das Sparbuch. Damals hatte ich unter meinem Bett eine blaue Metallkassette, die man abschließen konnte. Ich bewahrte dort meine Ersparnisse auf. Und so legte ich auch das Sparbuch dort hinein, verschloss die Kassette, drehte den Schlüssel rum und verstaute sie wieder unter dem Bett.

Drei Tage später las ich mir zahlreiche Artikel und Anleitungen über Aktien, die Börse und Investmentmöglichkeiten durch. Dabei dachte ich wieder an Richard und seine Worte. Gleichzeitig schossen mir aber auch die Bilder mit dem Sportwagen und den heißen Partys in den Kopf. Mir war klar, dass ich mit jemandem reden musste.

Ich erinnerte mich, dass Richard mir seine Visitenkarte gegeben hatte. Ich suchte sie kurzerhand heraus und rief ihn an. Er sagte: „Schön, dass Du Dich meldest, was kann ich für Dich tun?“ Also erzählte ich ihm von meinen Gedanken und hörte, wie er am Lachen war. Erst war es mir peinlich, doch dann sagte Richard etwas, was mir bis heute im Kopf geblieben ist:

„DIE MEISTEN MENSCHEN TUN DINGE, UM ERFOLGREICH ZU WIRKEN.
DIE ANDEREN WOLLEN WIRKEN UND SIND DAMIT ERFOLGREICH.“

Zuerst verstand ich nicht genau, was er meinte, doch er fuhr fort:
„Wenn Du Dir mal die Masse der Menschen aus unserer Kultur an-

siehst, dann stellst Du fest, dass es verschiedene Schichten gibt. Es gibt die mit sehr wenig Geld. Wenn sie mal etwas haben, dann geben sie es sofort für ihren Konsum aus. Dann gibt es diejenigen, die arbeiten gehen und gerade so über die Runden kommen. Auch die verplanen ihr Geld meistens so, dass nichts übrigbleibt. Es gibt auch noch die Besserverdienenden. Sie haben ein gutes Einkommen, kaufen sich irgendwann ein Haus, haben zwei Autos, ihre Kinder besuchen gute Schulen und in der Nachbarschaft spricht man neidisch über sie, weil sie 4-mal im Jahr im Urlaub sind. Aber auch hier landet das Geld fast vollständig im Konsum. Denn auch ein Haus, welches man selbst bewohnt, ist oftmals keine clevere Geldanlage. Schaust Du Dir aber die richtig Reichen an, und damit meine ich nicht die aus dem Fernsehen, sondern die, denen man es nicht direkt ansieht. Dann stellst Du fest, dass sie oft keine überteuerten Autos fahren, nicht in viel zu großen Häusern leben, sondern ihr Geld investieren. Sie bauen sich eine finanzielle Sicherheit und Freiheit auf.“

Ich begann zu verstehen, was Richard mir sagen wollte. Er wurde aber noch direkter:

„Mein Junge, wenn Du die 21.000 Euro von Deiner Oma in einen Sportwagen investierst, dann ist dieser in 3-4 Jahren nur noch 9.000 Euro wert. Kaufst Du Dir neue Klamotten dafür, dann ist das Geld direkt futsch. Gehst Du jedoch an die Börse oder nimmst andere clevere Investments in Anspruch, dann kannst Du aus 21.000 Euro in 3-4 Jahren bereits 25.000 oder 28.000 Euro machen. Nach 10 - 12 Jahren kann sich das Geld verdoppeln. Investierst Du über diese Zeit weiterhin monatlich etwas von deinem Einkommen, dann hast Du vielleicht schon nach 4-5 Jahren einen schönen Sportwagen verdient, ohne das Geld vom Sparbuch anzapfen zu müssen. Überlege Dir gut, was Du tust. Wenn das Geld weg ist, dann ist es weg. Deine Großmutter hat Dir einen Schatz hinterlassen. Es liegt an Dir, ob Du ihn pflegst und vermehrst oder nicht.“

Ich bedankte mich bei Richard für seine offenen Worte. Sie haben etwas in mir bewirkt. Die Gedanken von dem Sportwagen, den teuren Klamotten und anderen Luxusgütern waren verschwunden.

Nach unserem Telefonat beschäftigte ich mich weitere Wochen mit dem Aktiengeschäft. Ich analysierte unterschiedliche Möglichkeiten, stellte mir ein Portfolio zusammen und investierte.

Bis heute ist das Geld von meiner Großmutter noch in meinem Besitz. Im Laufe der Jahre konnte ich es durch clevere Anlagen vervielfachen.

Und genau das wünsche ich auch Ihnen.

Sie haben nun einen vollständigen Überblick, über das Handeln mit ETFs erhalten. Sie kennen das Prinzip der Börse, wie sie funktioniert und welche unterschiedlichen Aktientypen und Formen es gibt. Wenn Sie direkt mit dem Handel starten möchten, dann wissen Sie jetzt genau, welche Schritte Sie gehen müssen, worauf Sie bei der Auswahl eines Brokers achten müssen und wie Sie Ihr Depot eröffnen.

Wir sind gemeinsam die Vor- und Nachteile von ETFs durchgegangen, so dass Sie entscheiden können, ob und wann es auch für Sie losgehen kann. Erstellen Sie sich Ihr ganz individuelles Portfolio, kalkulieren die möglichen Gewinne und achten Sie auf Einsparpotentiale bei Ihrem Broker.

Sie kennen nun die besten und wirksamsten Analysetools und Risikobewertungen, sodass Sie völlig unbeschwert Ihren Weg an der Börse gehen können. Vermeiden Sie die typischen Anfängerfehler und erkennen mit Adleraugen die lukrativen Anlagemöglichkeiten durch ETFs.

Nehmen Sie Ihre finanzielle Freiheit selbst in die Hand.

# Danke

Vielen Dank dafür, dass Sie mein Buch gelesen haben.

Ich wünsche Ihnen viel Glück und Erfolg beim Geldanlegen.

Bei Fragen und Anregungen zu meinem Buch schreiben Sie gern eine E-Mail an:

presse@salesangels.org

Herzlichst,
Ihr Raphael Engel

# Über den Autor

Raphael Engel, 1959 geboren, ist ein echter „Deutsch-Schweizer“ und ein IT-Unternehmer mit finanz-wirtschaftlichem Hintergrund. Sein Finanz-Wissen erwarb er sich von Schweizer Banker, Treuhändern und Vermögensverwaltern sowie von den jungen Wilden, die in den digitalen Währungen neue Wege und Chancen erschlossen. Daraus entwickelte er seine eigenen Erfolgsstrategien.

Um den Menschen etwas zurückzugeben, stellt Raphael sein Wissen, seine Strategien sowie Erkenntnisse in seinen Ratgebern auf kompakte und leicht verständliche Weise zur Verfügung. Er hofft, seine Mitmenschen vor allem in diesen Krisenzeiten unterstützen zu können.

Das Motto des Autors lautet: „Achtung bitte nur mit einer verschmerzbaren Summe starten. Demütig bleiben, auch wenn es ausgezeichnet gut läuft. Und immer wieder einen Teil des Gewinns realisieren beziehungsweise neu investieren."

# Quellenverzeichnis

GeVestor Financial Publishing Group (2021): ETF. Vergleich physische und synthetische ETFs, in: GeVestor.de, online unter: https://www.gevestor.de/finanzwissen/fonds/etfs

justETF Research (08.02.2021): ETFs und Fondsvolumen: Big is beautiful. Die zehn größten ETFs (nach Volumen), in: justetf.com, online unter:
https://www.justetf.com/de/news/etf/etfs-und-fondsvolumen.html

# Tabellenverzeichnis

# Abbildungsverzeichnis

# Weiterführende Literatur


*Die Kunst über Geld nachzudenken.* Berlin: Ullstein (2000).

*Der Weg zur finanziellen Freiheit: Die erste Million.* Taschenbuch – dtv Verlagsgesellschaft (2003).

*Ein Hund namens Money: Spielerisch zu Erfolg und Wohlstand.* Taschenbuch – dtv Verlagsgesellschaft (2019)

*Der reichste Mann von Babylon.* München: Goldmann (2019).

*Souverän investieren mit Indexfonds und ETFs: Wie Privatanleger das Spiel gegen die Finanzbranche gewinnen.* Frankfurt am Main: Campus (2018).

*Souverän investieren für Einsteiger.* Frankfurt am Main: Campus (2018).

*Investing In ETFs FD: Portable Edition (For Dummies)* - For Dummies; 1. Edition (2015)

*Reicher als die Geissens: Mit null Euro Startkapital in fünf Jahren zum Immobilien-Millionär* (2016).

*Rente oder Wohlstand: Wer sich auf die Rente verlässt, wird niemals finanziell frei!* - FinanzBuch Verlag (2019)

*Rich Dad Poor Dad: Was die Reichen ihren Kindern über Geld beibringen* - FinanzBuch Verlag; 12. Edition (2014)

*Souverän investieren mit Indexfonds und ETFs: Wie Privatanleger das Spiel gegen die Finanzbranche gewinnen* - Campus Verlag; 5. Edition (2018

*Steigern Sie Ihren finanziellen IQ: Wie Sie intelligenter mit Ihrem Geld umgehen* - FinanzBuch Verlag (2019)

# Haftungsausschluss

Der Autor übernimmt keinerlei Gewähr für die Aktualität, Korrektheit, Vollständigkeit oder Qualität der bereitgestellten Informationen und weiteren Informationen. Haftungsansprüche gegen den Autor, welche sich auf Schäden materieller oder ideeller Art beziehen, die durch die Nutzung oder Nichtnutzung der dargebotenen Informationen bzw. durch die Nutzung fehlerhafter und unvollständiger Informationen verursacht wurden, sind grundsätzlich ausgeschlossen, sofern seitens des Autors kein nachweislich vorsätzliches oder grob fahrlässiges Verschulden vorliegt. Alle Angaben wurden vom Autor mit größter Sorgfalt und nach bestem Wissen und Gewissen recherchiert oder spiegeln seine eigene Meinung wider. Der Inhalt des Buches passt möglicherweise nicht zu jedem Leser und die Umsetzung erfolgt ausdrücklich auf eigenes Risiko. Es gibt keine Garantie dafür, dass alles genau so, bei jedem Leser, zu genau den gleichen Ergebnissen führt. Der Autor und/oder Herausgeber kann für etwaige Schäden jedweder Art aus keinem Rechtsgrund eine Haftung übernehmen.

# Urheberrecht

Printed in Poland
by Amazon Fulfillment
Poland Sp. z o.o., Wrocław

85258198R00082